El Poder de la

DATE DUE

D0956906

El Poder de la
Inteligencia
Social

Tony Buzan

Del autor bestseller que ha vendido millones de ejemplares

URANO

Argentina - Chile - Colombia - España
Estados Unidos - México - Uruguay - Venezuela

Título original: *The Power of Social Intelligence*
Edición original: Thorsons, An Imprint of HarperCollins*Publishers*, Londres
Traducción: Alicia Sánchez
Rotulación de los Mapas Mentales®: Alejo Torres

Originally published in English by HarperCollins*Publishers* Ltd. under the title:
THE POWER OF SOCIAL INTELLIGENCE. Translated under licence from
HarperCollins*Publishers* Ltd. The author asserts the moral right to be identified
as the author of this work.

© 2002 *by* Tony Buzan
© 2003 de la traducción *by* Alicia Sánchez
© 2003 *by* Ediciones Urano, S.A.
  Aribau, 142, pral. – 08036 Barcelona
  www.mundourano.com
  www.edicionesurano.com

ISBN: 84-7953-541-5
Depósito legal: M-40.073-2003

Fotocomposición: Autoedició FD, S. L. – Muntaner, 217 – 08036 Barcelona
Impreso por Mateu Cromo Artes Gráficas, S. A.
Ctra. de Fuenlabrada, s/n. - 28320 Madrid

Impreso en España – *Printed in Spain*

Tony Buzan, creador de los Mapas Mentales® (un método de análisis sencillo y revolucionario que permite utilizar al máximo las capacidades de la mente) es un reconocido experto en el campo de la inteligencia, además de autor de prestigio internacional. Entre sus obras —todas con millones de ejemplares vendidos en más de 100 países y traducidas a más de 30 idiomas— destacan *El libro de los mapas mentales* y *El libro de la lectura rápida* (ambos publicados por Urano). Es presidente de The Brain Foundation, fundador de The Brain Trust e inspirador de los Juegos Olímpicos de la Inteligencia. Asesora a ejecutivos de multinacionales, jefes de Estado y atletas de fama mundial

Dedicatoria

Este libro está dedicado a la celebración de la extraordinaria Inteligencia Social de mi amiga y secretaria personal Lesley Bias y de nuestro vigésimo aniversario de colaboración. Durante ese tiempo Lesley ha tratado con cientos de miles de personas de todas las clases sociales y de más de cien países. Es admirada y estimada en todo el mundo. ¡Lesley, éste es para ti!

Índice

Lista de Mapas Mentales®

Mapa Mental® que resume el capítulo 2: ¿Quién soy yo? —cómo te proyectas a ti mismo—, conocimiento, comunicación, lenguaje corporal.

Mapa Mental® que resume el capítulo 3: Capacidad de escuchar, equilibrar la escucha y el habla, la proporción del 2:1, desarrollar la capacidad de escuchar.

Mapa Mental® que resume el capítulo 4: Conectarse, conocer gente e influir en ella, presentación, primeras y últimas impresiones.

Mapa Mental® que resume el capítulo 5: Cómo destacar en grupos, destacar entre las masas, utiliza tu mente para impresionar, memoria, nombres, conversación.

Mapa Mental® que resume el capítulo 6: Crear confianza, relacionarse con los demás a través de la confianza en uno mismo, inspirar confianza, actitudes y conducta.

Mapa Mental® que resume el capítulo 7: Negociación, resolución amistosa de conflictos y de desacuerdos, compromiso, paciencia, comprensión.

Mapa Mental® que resume el capítulo 8: Modales, mostrar interés y consideración, dar las gracias, celebraciones, regalos, condolencias.

Mapa Mental® que resume el capítulo 9: Planificar una fiesta, aplicar lo que has aprendido.

Agradecimientos

Mi más sincero agradecimiento a Caroline Shott, apreciada amiga y mi manager literario cuya visión y dedicación a esta nueva serie ha inspirado a todos quienes han trabajado en este proyecto. Mi agradecimiento especial a mi querida amiga y editora jefe, Carole Tonkinson, que ha utilizado las diez inteligencias al máximo con su incomparable dedicación para conseguir que este maravilloso libro se publicara. Así mismo, quiero darle especialmente las gracias a mi editora Charlotte Ridings. Las Inteligencias Verbales y Espaciales de Charlotte han sido primordiales para ayudarme a pulir este libro.

Doy también las gracias a mi extraordinario equipo de apoyo que ahora se ha convertido en mi familia. Cada una de las personas que menciono a continuación han destacado en su campo y han contribuido a que la serie *El Poder de la Inteligencia* tenga el extraordinario éxito global del que estamos disfrutando: Natasha Fidler, diseñadora, Jo Lal, directora de marketing y Meg Slyfield, directora de publicidad.

Mi más cálida bienvenida al nuevo miembro y jefe de equipo Belinda Budge.

También quiero dar las gracias a mi equipo personal: Lesley Bias por ayudarme a hacer que mi sueño se hiciera realidad, a mi madre Jean Buzan por su continuos consejos maestros en edición y a Vanda North por su dedicación y ayuda tanto con este libro como por su visión de Global Mental Literacy [Alfabetismo mental global].

¿Qué es la Inteligencia Social
y por qué es importante?

Capítulo uno

- ¿Te aterra la idea de ir a una fiesta en la que no conoces a nadie?
- ¿La idea de mantener una pequeña conversación con tus posibles futuros suegros te deja mudo?
- ¿Te han presentado alguna vez a un grupo de gente, has olvidado al momento sus nombres y te has quedado sin saber qué decir?
- ¿Quieres causar una buena impresión en una entrevista de trabajo, pero estás tan nervioso que apenas puedes hablar?
- ¿Te gustaría poder hablar felizmente con las personas y hacer amigos con facilidad?

Si te has identificado con alguna de las situaciones anteriores o si tu Inteligencia Social se las puede arreglar con un empujoncito, *El Poder de la Inteligencia Social* está diseñado para ayudarte.

La «Inteligencia Social» simplemente es cómo «nos llevamos» y nos relacionamos con las otras personas que nos rodean. Los seres humanos somos, a fin de cuentas, animales *sociales* y esta habilidad es esencial si queremos progresar en la vida y pasárnoslo bien.

La Inteligencia Social: una definición

A decir verdad, casi todos reconoceríamos que nuestras «habilidades sociales» serían pasables con un pulido rápido y que la Inteligencia Social está compuesta por una vasta gama de habilidades.

Para empezar, te has de poder relacionar con los demás personalmente, en pequeños grupos, en una habitación llena de gente e incluso en lugares donde haya más gente. Es una comunicación cerebro a cerebro. El cerebro humano es el órgano más complejo, sofisticado y poderoso del universo conocido. Tratar con uno (¡el tuyo!) ya es una tarea bastante difícil. Hacerlo simultáneamente y con éxito con un número elevado de cerebros, sin duda ¡es el distintivo de un genio!

Las personas socialmente inteligentes tienen que usar todo el poder de sus cerebros y cuerpos para comunicarse con los demás e «interpretarles». Han de adquirir actitudes que animen a las personas a crecer, ser creativas, comunicarse y han de saber hacer amigos y mantenerlos.

Esta Inteligencia de enorme importancia también implica ser capaz de sortear, como hace un piragüista experto, los rápidos del conflicto y las situaciones negociables, equivocaciones y finales.

Todas estas habilidades requieren que la persona socialmente inteligente sea una gran conversadora y sepa escuchar, que sea capaz de relacionarse con éxito con el mundo exterior. Las personas socialmente inteligentes se sienten bien con otras personas de diferentes niveles culturales, edades, culturas y clases sociales y (lo más importante) son capaces de hacer que *esas personas* se sientan relajadas y cómodas con ellas.

Los ejecutivos necesitan Inteligencia Social para hacer bien su trabajo. También los vendedores, recepcionistas, profesores, médicos, trabajadores sociales, personal de hostelería... De hecho, ¡todas las personas que tratan con otras personas a lo largo del día! El CI social es una de las inteligencias más importantes y favorables que podemos cultivar, y la buena noticia es que ¡podemos cultivarla!

La Inteligencia Social: sus puntos fuertes y sus puntos débiles

Dedica unos minutos a anotar en una gran hoja de papel las áreas de tu vida en las que piensas que residen tus puntos sociales fuertes y débiles. Asegúrate de que tienes en cuenta tu vida familiar y laboral. ¡Es sorprendente ver cuántas personas que tienen éxito en los negocios y en la vida profesional descubren que les cuesta relacionarse con las personas en un entorno social!

Posibles áreas de tu vida que piensas que has de incluir:

- Escuchar a las personas.
- Mantener conversaciones «triviales».
- Ser consciente de cómo se sienten los demás.
- «Vender» tus ideas o a ti mismo.
- Tener una actitud positiva respecto a ti mismo.
- Tener una actitud positiva respecto a los demás.
- Manejar situaciones delicadas o embarazosas con gracia.
- Forjar una buena relación con las personas.
- Destacar en un grupo, ¡por todas las buenas razones del mundo!

Moraleja sobre la Inteligencia Social: primera parte

Cuando era adolescente pensaba que la forma de ser popular era ser «inteligente» y estar en forma. Iba a fiestas y actos sociales alardeando de mi CI [cociente intelectual], analizando las faltas de los demás, entablando discusiones en las que siempre intentaba probar que mis «oponentes» estaban equivocados y que yo tenía razón y exhibiendo mi buena (pero rígida) psique.

Al haberme dicho que un CI alto y un cuerpo en forma eran el camino hacia el éxito, me quedé desconcertado al ver el número de enemigos que involuntariamente me estaba creando y la falta de amistad que mi «inteligente, sólida y correcta» presencia estaba generando.

Mi padre me ayudó a darme cuenta de que sencillamente ganar en los debates no era la forma de alcanzar el éxito social. Una vez, tras haber ganado una batalla —la discusión— y haber perdido la guerra en una situación social, mi padre me dio un pequeño poema que me dijo que me ayudaría a mejorar mi conciencia social. El poema era el siguiente:

Aquí yace el cuerpo de Jonathan Grey,
Que murió defendiendo su derecho a adelantar,
Tenía toda la razón cuando aceleró,
¡Pero está tan muerto como si no la hubiera tenido!

Empecé a observar a aquellos que obviamente parecían más sociables y tener más éxito que yo. Me di cuenta de que hacían muchas cosas que para mí en aquellos tiempos eran ajenas y contrarias a lo que me habían enseñado en la escuela que era una «conducta aceptable».

Las personas más populares (¡y las más felices!) siempre estaban sonriendo, riendo y contando chistes (¡yo no sabía!); eran expresivas y abiertas, serviciales y consideradas con los demás y procuraban evitar las discusiones. Para empeorar las cosas para mi sensible alma adolescente, estaban mucho más relajadas, más seguras de sí mismas y ¡tenían mucho más éxito con las conquistas!

Poco a poco empecé a ver la luz. Mi CI y mis músculos no eran las únicas habilidades que tenía que desarrollar si quería alcanzar el éxito social: tenía que prestar atención a las habilidades de vital importancia de *comprender* a las personas —las habilidades interpersonales— de la Inteligencia Social.

El Poder de la Inteligencia Social te ayudará a ahorrarte el trago de tener que pasar por esas innecesarias experiencias que tuve yo y te pondrá a tu alcance con mayor rapidez las recompensas que puede aportar esta sorprendente inteligencia.

Para sobrevivir y prosperar en la vorágine de las interacciones sociales y de la vida, es vital comprender y dominar las complicaciones de esta increíble inteligencia. No es sólo tu vida social y la de quienes te rodean, la que saldrá beneficiada: tener éxito socialmente tiene un afortunado impacto inmediato y positivo en tu economía y en tu bienestar físico, tal como revela el siguiente estudio.

¿Quieres un remedio para tus resfriados?
¡Vive una vida social variada!

El psicólogo Sheldon Cohen de la Universidad Carnegie Mellon ha confirmado estudios anteriores que sugieren que los colegas, parientes, amigos y amantes pueden actuar como un «equipo» protector para el resfriado común. Estudios anteriores sugieren que las personas con vidas sociales más activas estaban más sanas y vivían más. El estudio de Cohen ha pulido este descubrimiento, señalando que lo que importa no es sólo el número total de contactos sociales, sino su diversidad.

Cohen y sus colegas reunieron a 151 mujeres y a 125 hombres y les pidieron que anotaran todas las personas con las que habían tenido algún contacto al menos una vez a la semana o cada quince días. Así como el número de personas

con las que contactaban, también se les pidió que registraran la diversidad de su red social, que desglosaran sus contactos en 12 categorías, incluidos vecinos, colegas, parientes, socios, etcétera.

Entonces se expuso a las mujeres y a los hombres al virus del resfriado común y se contabilizó el porcentaje de infección.

Entre las personas que tenían menos relaciones y con redes sociales más restringidas, el 62 por ciento se resfrió. Sin embargo, sólo se resfriaron el 35 por ciento de las personas con relaciones entre seis o más de las categorías establecidas. Cohen teoriza que una de las razones para la mayor inmunidad es que las diversas redes sociales inducían a un «factor de sentirse bien» que potencia la capacidad del sistema inmunológico para atacar a los virus invasores.

El Poder de la Inteligencia Social: una panorámica

El Poder de la Inteligencia Social se divide en diez capítulos, cada uno de ellos se basa en el anterior para ayudarte a acelerar el crecimiento de tu Inteligencia Social a medida que vas avanzando en este libro. El capítulo 1, te ha ofrecido una breve presentación de la importancia y el poder potencial de tu CI social. A continuación tienes un resumen de todo el libro.

Capítulo 2: Interpretar a las personas: El lenguaje corporal y cómo dominarlo

Más de la mitad de nuestra comunicación la realizamos a través del lenguaje corporal. En este capítulo te explicaré cómo proyectar una imagen de ti mismo a través de tu lenguaje corporal y cómo puedes interpretar lo que dicen otras personas a través del mismo. El cuerpo humano es un instrumento sorprendente. Interpreta la «música de la comunicación» de formas muy sutiles. Si aprendes a interpretarla bien, obtendrás grandes recompensas sociales.

Capítulo 3: El arte de escuchar

Las personas socialmente más inteligentes no son las que más dicen, sino las que más *escuchan*. En este capítulo te introduciré al arte y la ciencia de escuchar, te mostraré los sencillos caminos gracias a los cuales puedes convertirte en un maestro de la conversación ¡hablando menos!

Recuerda: tienes una boca y dos oídos. ¡Piensa en ello!

Capítulo 4: Relacionarse

El objetivo natural de todo ser humano es hacer amigos, influir en las personas, ser popular, conversar con facilidad, negociar con los demás satisfactoriamente y tener relaciones sociales de un modo que produzca los resultados deseados. ¡Lee este capítulo y descubre cómo conseguirlo!

Capítulo 5: Cómo destacar en grupos

Este capítulo te enseñará a destacar entre un grupo de personas y a usar tu cerebro para impresionar a los demás ¡en cualquier reunión social!

Capítulo 6: La actitud del «actitambién»

Tu actitud influye profundamente no sólo en *tu* conducta, sino también en la de los demás, y por consiguiente, en la conducta de los demás con los que *ellos* se relacionan, y así sucesivamente, con este efecto de bola de nieve que se extiende a todo el mundo. Tu confianza en ti mismo es la clave para relacionarte con los demás. Te explicaré los efectos de la presión de tu grupo de amigos y te revelaré una de las cosas más importantes que puedes transmitir a tus hijos.

Capítulo 7: Negociaciones: Cómo ganar amigos e influir en las personas

¿Cómo sabes a ciencia cierta que en cualquier negociación *ambas* partes están satisfechas con el resultado? ¿Cómo puedes resolver los desacuerdos y conflictos de manera amistosa? ¡Este capítulo te enseñará todo lo que necesitas saber!

Capítulo 8: Modales o qué hacer cuando...

Los pequeños gestos que muestran que eres sensible denotan una gran Inteligencia Social. Este capítulo te ofrecerá una guía para comprender cómo funcionan dichos gestos y cómo puedes usarlos en tu propio beneficio y felicidad.

Capítulo 9: Indicadores del éxito social

Desarrollar tu Inteligencia Social inevitablemente te ofrecerá un mayor *statu quo* social e influencia. Puedes aplicar todo lo que has aprendido para garantizarte tu creciente éxito en el futuro. Este capítulo introduce a una gran estrella de la Inteligencia Social, que es el arquetipo del poder y de las cualidades de esta Inteligencia.

Capítulo 10: El «poder del diez»

En el último capítulo explicaré que la Inteligencia Social no es más que una entre las muchas inteligencias que poseemos y de qué forma cada una de nuestras múltiples inteligencias interactúa con las demás y las refuerza.

Para ayudarte en tu viaje, *El Poder de la Inteligencia Social* presenta una serie de citas, ejercicios de autoexamen, relatos e historias fascinantes. Este libro también tiene algunas características especiales:

- Los Mapas Mentales®. Los Mapas Mentales® son herramientas sorprendentes diseñadas para ayudarte a ver, fuera de tu cabeza, ¡los «mapas del pensamiento» que están dentro de tu cabeza! Los Mapas Mentales® utilizan todo el «equipamiento» que emplea la totalidad de tu cerebro cada día para reconocer, comprender y recordar las cosas, incluidas palabras, líneas, colores e imágenes. Los Mapas Mentales® simplemente hacen que las cosas sean más sencillas para ti dondequiera y cuando quiera que los uses. Son los «amigos de tu cerebro».

- Entrenamientos sociales: los siguientes capítulos contienen entrenamientos de Inteligencia Social: juegos y ejercicios divertidos que te ayudarán a desarrollar y reforzar esta Inteligencia maestra. Puedes verlos como tu gimnasio mental, un lugar a donde vas para aumentar tu fuerza, flexibilidad y resistencia de ¡tus músculos de la Inteligencia Social!
- Potenciadores del cerebro social: los potenciadores del cerebro adoptan la forma de intenciones o afirmaciones. Al repetírtelas a ti mismo, construyes en tu cabeza los mapas del pensamiento respecto a estas intenciones y aumentará la probabilidad de que lo que digas se convierta en una parte de tu nueva conducta e Inteligencia Social. Han sido especialmente diseñados para protegerte de algunas de las trampas del incompleto e inexacto pensamiento positivo.

Interpretar a las personas:
El lenguaje corporal y cómo dominarlo

Capítulo dos

«Utiliza el lenguaje que quieras, nunca dirás nada que no sea lo que eres.»

Ralph Waldo Emerson

Tu cuerpo está impecablemente diseñado para comunicarse con otros seres humanos. Tu voz y tus palabras desempeñan un papel esencial en el arte y la ciencia de la interacción social. No obstante, has de ser plenamente consciente de que un porcentaje aún mayor de tu comunicación con los demás se transmite a través de tu cuerpo. De hecho, los estudios han demostrado que el 55 por ciento de todo el significado emitido en cualquier acto de comunicación ¡es transmitido por los signos externos de tu comportamiento!

Tu cuerpo comunicará sin palabras, si eres feliz o estás triste, si te encuentras bien o mal, si eres apto o no apto, si estás lejos o si estás presente, si tienes confianza o si estás nervioso, si estás entusiasmado o aburrido, interesado o indiferente, abierto o a la defensiva, si eres torpe socialmente por costumbre o socialmente seguro y no pierdes el control.

Y por supuesto, los cuerpos de las otras personas te comunicarán las mismas cosas. Si eres consciente de esto, serás capaz de «interpretar» a los demás de una forma más precisa y empática y de este modo podrás potenciar tu Inteligencia Social.

Para que tengas una experiencia inmediata de esto, prueba el siguiente juego:

Te has de imaginar que eres un actor en un escenario, que interpretas un estado depresivo agudo, desaliento y desesperación.

Imagina que te levantas por la mañana y la persona a la que más quieres te dice que te encuentra extraordinariamente soso, aburrido y monótono y que no quiere seguir contigo. Inmediatamente después de esto recibes un mensaje en el que te dicen que tu mejor amigo está gravemente enfermo. A continuación recibes una llamada del director de tu banco diciéndote que te has quedado sin un céntimo y que tendrás que vender inmediatamente tu casa en la que has vivido tantos años y que tanto quieres.

A medida que te hundes en esta depresión imaginaria total, fíjate en lo que le sucede a tu cuerpo. Observa lo siguiente:

- Tu estatura disminuye.
- Tu postura.
- Tus niveles de energía.
- Tus sentidos y estado de alerta.
- Tu respiración, su profundidad y fuerza disminuye.
- Tu nivel de motivación.
- Tus ganas de contacto social.

Ahora imagínate el escenario contrario, de felicidad y gozo absolutos. Imagina que te acabas de levantar y la persona a la que amabas secretamente y que has deseado durante muchos años te dice que te encuentra maravilloso, atractivo, divertido y que eres la persona más estupenda que ha conocido jamás; tu amigo gravemente enfermo se recupera milagrosamente y recibes una llamada informándote que te acaba de tocar el gordo de la lotería.

Ahora observa tu postura, energía y niveles de motivación, el estado de alerta de tus sentidos y tu sociabilidad, ¡siente la diferencia!

El juego que acabas de jugar demuestra que cada célula de tu cuerpo actúa como un comunicador principal con las otras personas. Ser consciente de esto te permite iniciar el viaje para llegar a ser un maestro de la lectura del lenguaje corporal. Los descubrimientos del juego se han confirmado en estudios formales, como los que vienen a continuación:

Caso de estudio: Ver y decir

Los psicólogos Geoffrey Beattie y Heather Shovelton de la Universidad de Manchester han descubierto que la gesticulación ayuda a transmitir grandes cantidades de información. Observaron que cuando las personas ven los gestos de los cuentacuentos, a la vez que escuchan sus voces, captan con un 10 por ciento más de exactitud la información de la historia que cuando sólo escuchan la voz. Beattie y Shovelton dicen: «Los gestos son tan ricos en cuanto a comunicación como el habla; el significado se divide entre la mano y la boca».

Caso de estudio: neuronas espejo

Un estudio americano ha demostrado que el gesto y el habla son simplemente dos mecanismos para procesos de pensamiento idénticos y ambos están diseñados para ayudarte a transmitir dichos procesos a otras personas.

Joanna Iverson de la Universidad de Missouri y su colega Esther Thelen de la Universidad de Bloomington, Indiana, señalaron la vinculación directa entre el movimiento y el significado que se encuentra en un grupo de células cerebrales conocidas como «neuronas espejo» que fue confirmada mediante un estudio con monos.

Las neuronas espejo se disparan tanto cuando un mono hace un movimiento en particular, *como cuando observa a otro mono hacer el mismo movimiento.* Curiosamente, estas neuronas espejo se encuentran en la región del cerebro del mono que corresponde exactamente con la región de la producción del habla en el cerebro humano.

¿Quién soy yo?

«Si quieres conocerte a ti mismo, observa la conducta de los demás; si quieres entender a los demás, mira en tu corazón.»

Friedrich von Schiller

El secreto de la Inteligencia Social −construir una comunicación con los demás, hacer que se sientan cómodos en tu compañía, hacer que la gente esté verdaderamente contenta de estar contigo y relacionarte con facilidad con todo tipo de personas− es «conocerte a ti mismo».

Si te sientes bien «en tu piel», tendrás confianza interior en ti mismo y conocerás tus valores y reglas. Esa confianza irradiará de ti, a través de tu lenguaje corporal e influirá positivamente en las personas que te rodean.

Puedes usar este conocimiento socialmente inteligente a tu favor, incluso si estás en una situación en la que la confianza es ¡lo último que sientes! Si estás de pie con aplomo y estableces un contacto visual, exudarás un aura de seguridad. Lo que es mejor, cuanto más «actúas» como si estuvieras seguro, ¡más seguro de ti mismo estarás!

Sin embargo, a veces has de ser consciente de que las señales que envías ¡no son las que tú crees! Una conocida mía descubrió que mientras ella intentaba proyectar una imagen ultrafemenina y ultra-sexy, no tenía ni idea de que esta imagen en realidad resultaba ¡agobiante e intimidaba!

¿Quién eres?

Sabes que tu lenguaje corporal revela tus verdaderos pensamientos y sentimientos, aunque tú no quieras. Por eso, si te aficionas a leer el lenguaje corporal de otras personas −notar si se sienten incómodas, aburridas, entusiasmadas, enfadadas o preocupadas− aumentarás tu Inteligencia Social múltiples veces.

Los estudios, como los que vienen a continuación, han demostrado

---

que esas personas que pueden leer el lenguaje corporal tienen muchas ventajas sobre las que no pueden.

Caso de estudio: Léeme ¡Sal ganando!

Robert Rosenthal, psicólogo de Harvard, y sus alumnos diseñaron un test sobre la habilidad de las personas para interpretar las señales no verbales y el lenguaje del cuerpo. Rosenthal y sus alumnos hicieron tests a más de 7.000 personas tanto en Estados Unidos como en otros 18 países.

En los tests a las personas se les presentaban una serie de vídeos de una mujer joven expresando una extensa gama de sentimientos. Las escenas representaban odio y repulsión, ataque de celos, paz y tranquilidad, súplica de perdón, amor maternal, gratitud y pasión.

En todos los vídeos, el sonido se suprimió a fin de que no se pudiera oír ninguna conversación. Además, en cada interpretación, uno o más de los canales de comunicación no verbal se había suprimido. Por ejemplo, en una el cuerpo se había eliminado y sólo se presentaba la expresión facial, en otra era la expresión facial lo que se había suprimido mientras que sólo se veían los gestos corporales y así sucesivamente.

¿Los resultados?

Una correlación directa entre ser capaz de leer el lenguaje corporal y ser más sensible, más adaptado emocionalmente, más sociable y lo más importante de todo, más popular.

Te gustará saber que esta popularidad también iba directamente relacionada con el éxito en ¡las relaciones románticas y sexuales!

El éxito generado gracias a tener habilidades de Inteligencia Social también se refleja en las escuelas. La Sociedad Americana de Psicología informó de los resultados de los tests que se hicieron a 1.011 escolares que mostraban que los niños que eran capaces de interpretar el lenguaje corporal eran los más estables emocionalmente, destacaban más en los temas académicos y eran los más populares.

Comprender el lenguaje corporal es de vital importancia en la comunicación social. Un buen amigo mío observó que jugando sólo tres minutos al golf con una persona que acabas de conocer, aprendes casi todo lo que necesitas sobre ella, incluida su habilidad para aceptar y aprender de los éxitos y fracasos, su generosidad, su preocupación por los demás, su aprecio por la naturaleza, su sentido del humor (o falta del mismo), su actitud positiva o negativa, su nivel general de energía, su grado de concentración y su sinceridad.

El secreto de la Inteligencia Social: ¡sonríe!

Existe un secreto muy sencillo para la Inteligencia Social: ¡sonríe a las personas!

Una sonrisa humana irradia calor, confianza, actitud positiva, felicidad y, algo muy importante, una actitud de estar abierto a los demás.

«Un hombre sin sonrisa no debería abrir una tienda.»

Proverbio chino

Una sencilla sonrisa es la mejor forma de hacer amigos y de influir en las personas. Lo que primero atrae a la mayoría de las personas es su sonrisa.

Y cuando vemos una sonrisa, nuestro cerebro desata nuestros músculos de la sonrisa y la devolvemos.

Brian Bates, coautor del libro de la BBC y de la serie de televisión *The Human Face*, confirma la importancia de sonreír en sociedad:

«A menudo preferimos compartir nuestras confidencias, esperanzas y dinero con personas que sonríen por razones profundas que a menudo se escapan del alcance de nuestra mente consciente. Los sonrientes espontáneos han demostrado tener una vida más satisfactoria en el terreno personal y profesional.»

Las sonrisas suponen menos esfuerzo que fruncir el entrecejo, conllevan menos tensión muscular y son más instantáneas y espontáneas. ¡Hasta el universo nos recompensa por sonreír! Cuando sonreímos, el «reflejo de la sonrisa» fomenta nuestra producción de endorfinas, los energizantes y calmantes naturales del cuerpo.

Ha llegado el momento de nuestra primera tarea social, ¡que hemos de abordar con una sonrisa en el rostro!

Entrenamiento social

Sonríe y el mundo sonreirá contigo

No hace mucho apareció en Internet un ingenioso poema sobre la sonrisa. Lo he adaptado ligeramente y te recomiendo que lo leas, que se lo pases a otra persona y empieces a practicar inmediatamente lo que sugiere.

Sonreír es contagioso; se te contagia como la gripe,
Cuando alguien me sonrió hoy, yo también empecé a sonreír.
Giré la esquina y alguien vio mi sonrisa y se la traspasé.
Pensé en esa sonrisa y me di cuenta de que valía la pena,
Una sola sonrisa, una como la mía, puede dar la vuelta al mundo.
Si sientes una sonrisa empieza, no la dejes pasar:
¡Iniciemos ya una epidemia y que se infecte el mundo!

Sonríe primero

Asegúrate de que saludas a las personas con una sonrisa. Las personas recuerdan primero las impresiones más fuertes, esto será lo que recuerden de ti. Esto se llama efecto primario o el principio de «lo primero es lo primero», que veremos con más detalle en el capítulo 4. Sonreír hará que la interacción social tenga un comienzo positivo y alentador. Casi sin darte cuenta irás adquiriendo el control de la reunión de una manera que supondrá «ganar-ganar» por ambas partes.

Haz que tus gestos sean coherentes con tus palabras

Cuando describes cosas, deja que tu cuerpo sea el instrumento musical natural y el artista que en realidad es. Haz sonidos que imiten lo que estás describiendo. Esculpe con tus manos los objetos y las escenas que estás describiendo.

Observa la coherencia o incoherencia en los demás

Busca la coherencia entre lo que dicen las personas y lo que dicen sus cuerpos. Pronto descubrirás que con frecuencia se contradicen por completo. Puedes practicar este músculo de la Inteligencia Social cuando miras la televisión, especialmente las noticias y los anuncios. Anota algunos de los ejemplos más evidentes de incongruencia ¡son buenos temas de conversación! Un ejemplo divertido de acciones incoherentes es el que tuvo lugar en un cóctel al que asistí.

Vi cómo dos hombres de negocios, que se suponía que estaban negociando, realizaban un baile extraordinario. Cada vez que uno se acercaba al otro, el segundo se apartaba casi inmediatamente. Era como si los dos tuvieran los mismos polos de un imán, en los que la fuerza repelente los mantenía a distancia. Por más que el primero intentara acercarse, lo cual era evidente que intentaba hacer, el segundo se apartaba. ¡Siguieron así hasta haber recorrido zigzagueando toda la sala!

Es evidente que ambos se hacían sentirse muy incómodos mutuamente, sin comprender la razón.

Posteriormente, esa misma tarde, les pregunté, a cada uno por separado, de dónde eran. Como cabía esperar, el primero permaneció muy cerca de mí, mientras que el segundo se mantuvo a cierta distancia.

No te extrañará saber que el primero era de Nueva York, donde estar cerca de la gente forma parte de la vida cotidiana, y el segundo de un enorme rancho en Texas, donde el contacto con los demás no era muy común.

Ser consciente de las diferentes «zonas de confort» de las personas es muy importante para la Inteligencia Social. Si puedes hacer que las personas se sientan cómodas al no invadir su espacio personal, al momento estarán más dispuestas a comunicarse contigo.

Reunirse y saludar con sentimiento

Ten especialmente en cuenta el lenguaje corporal cuando te reúnas y saludes a las personas. Recuerda los dos escenarios que imaginaste antes (en la página 24) y las posturas extremas que adoptó tu cuerpo. La mayoría de las personas se encuentran en algún lugar intermedio.

De nuevo conviértete en el detective del lenguaje corporal y evalúa rápidamente los múltiples mensajes no verbales que se están transmitiendo durante esos primeros momentos vitales.

Si os estáis dando la mano presta atención a la energía de la mano que estáis usando, se podría llenar un libro con la información que transmite. Del mismo modo, asegúrate de que tu propio apretón de manos es firme (¡no demasiado!) y acogedor. Establece contacto visual con la otra persona. Un breve contacto visual afirma que la otra persona te interesa, lo cual, a su vez, ¡hará que ésta se interese más por ti!

Utiliza gestos de afecto apropiados

Hay culturas en que las personas se abrazan y besan mucho más que en otras. En Rusia, por ejemplo, los abrazos son una forma normal de saludarse, mientras que en Inglaterra, la gente tiende a ser más reservada.

El psiquiatra Harold Falk ha enumerado algunos de los beneficios del abrazo: «Abrazarse puede aliviar la depresión, favorece que el sistema inmunológico se estabilice. Abrazarse aporta nueva vida en nuestros cansados cuerpos y nos hace sentirnos más jóvenes y llenos de energía».

Helen Colton, autora de *The Joy of Touching* apoya esto diciendo que la hemoglobina de la sangre aumenta significativamente cuando te tocan y abrazan. Puesto que es la hemoglobina la que aporta el suministro vital de oxígeno al corazón, al cerebro y a todo el cuerpo, abrazarse se puede considerar como un otorgador de vida y un salvavidas, así como una maravillosa expresión de Inteligencia Social y confianza.

Charla espejo

Antes de cualquier reunión social, obsérvate a ti mismo, de ser posible en un espejo de cuerpo entero. En lugar de mirarte por encima para ver qué aspecto tienes, imagina que eres el director de vestuario y el productor de una película. Tu función es asegurarte de que los trajes que lleva tu protagonista (¡tú!) son perfectamente apropiados para su papel y está tan atractivo que las otras personas querrán acercársele. Cuando vas bien vestido y de forma apropiada para la ocasión, tú y tu cuerpo os sentís cómodos y seguros.

«El mundo entero es un escenario...»

Acostúmbrate a observar a las personas. Es un teatro continuo, entretenido e instructivo (¡y gratis!). Conviértete en un experto en las intrincadas conversaciones del lenguaje corporal que te «hablan» en las calles, los restaurantes, acontecimientos sociales, playas y en todos los lugares donde se reúnen los seres humanos. Cuando veas ejemplos de una comunicación cuerpo-cerebro soberbia, imítala e incorpórala en tu lenguaje corporal.

Potenciadores del cerebro social

- Estoy desarrollando mi cuerpo para que sea un soberbio instrumento de comunicación.
- Mis palabras y mis acciones son cada vez más coherentes.
- Estoy repartiendo sonrisas dondequiera que voy.

En el siguiente capítulo veremos otra parte no verbal de la comunicación de vital importancia para comunicarse con los demás, ¡escucharles!

El arte de escuchar

Capítulo tres

«Nos interesamos por los demás cuando éstos se interesan por nosotros.»

Publio Siro

¡Es evidente que el poeta romano Publio conocía la Inteligencia Social! Si alguien demuestra interés en nosotros y es obvio que quiere conocernos mejor, entonces estaremos más interesados y tendremos una predisposición favorable hacia esa persona.

La mejor, la más sencilla y eficaz forma de mostrar interés por otra persona es *escuchar* lo que te dice, escuchar de *verdad*, enfocarte en lo que te está diciendo, ¡en lugar de estar ahí de pie pensando tus respuestas y anécdotas!

Escuchar de una manera socialmente inteligente muestra que consideras que esa persona merece tu atención y que vale como persona, y todo el mundo responde a ello positivamente.

Moraleja sobre la Inteligencia Social: segunda parte

Cuando todavía me encontraba en la etapa de «músculos poderosos/vocabulario poderoso» del desarrollo de mi Inteligencia Social hablaba hasta por los codos. Esto se debía a que pensaba que cuanto más brillantes fueran mis palabras más brillante era la conversación.

Lo que resultó ser un punto de vista unidireccional y limitado.

La naturaleza intervino y me enseñó una lección muy valiosa.

Justo antes de un importante acontecimiento social contraje una irritante infección de garganta. Para mi disgusto apenas podía decir ni una palabra.

En la fiesta conocí a una persona a la que le apasionaban muchas cosas. Iniciamos una animada conversación, pero debido a mi debilitada voz, pronto quedé reducido a asentir con la cabeza, adornando la conversación con algunos «ums» bien intercalados y haciendo alguna pregunta muy de tanto en tanto, lo cual le daba a mi compañero la oportunidad de lanzarse a otro período conversacional de cinco minutos.

Cuando al final nos despedimos supuse que me consideraría un soberbio aburrido, pues había contribuido con menos de un 5 por ciento en la conversación, mientras él había hablado cómodamente durante más del 95 por ciento del tiempo.

Para mi sorpresa, posteriormente descubrí que me consideraba ¡un conversador maravilloso!

¿Cómo era eso posible?

Pronto empecé a ver la luz: *tuvimos* una maravillosa conversación. Él me había entretenido con deliciosas historias y conceptos provocativos; mi cuerpo, en lugar de mi voz, le había respondido, indicándole que estaba interesado, implicado, y gracias al apoyo que transmitía mi presencia, le permití explorar sus propios pensamientos en buena compañía, y por lo tanto, no sólo pudo tener una conversación conmigo, sino también consigo mismo.

Me di cuenta de que escuchar me proporcionaba esta maravillosa oportunidad para estar completamente relajado en una conversación, estar entretenido con historias y pensamientos maravillosos, a la vez que me permitía darle a otra persona la oportunidad de expresarse libremente.

Reconocí que hasta entonces había sido culpable de lo que ya había observado Leonardo da Vinci: que la mayoría de las personas «escuchan sin oír».

Este capítulo está dedicado a ¡ayudarte a escuchar oyendo!

Escuchar: un arte olvidado

Se calcula que pasamos entre un 50 y un 80 por ciento de nuestra vida despiertos comunicándonos. En general, la mitad de ese tiempo de comunicación lo pasamos escuchando. En las escuelas y universidades el porcentaje es aún mayor y en el mundo de los negocios escuchar se considera como una de las tres habilidades necesarias más importantes de la gestión empresarial. Sorprendentemente, a pesar de todo, escuchar es la «pariente pobre» de las habilidades de comunicación en lo que respecta a su enseñanza, a pesar de que se aprende primero y es la que más se usa, tal como muestra la siguiente tabla.

Aprendida	Utilizada	Enseñada
Escuchar 1ª	más (45 %)	menos
Hablar 2ª	la siguiente más (35 %)	la siguiente menos
Leer 3ª	la siguiente menos (16 %)	la siguiente más
Escribir 4ª	la menos (9 %)	la más

El Poder de la Inteligencia Social te va a ayudar a arreglar ese desequilibrio.

Autoexamen 1

¿Cómo te puntuarías como persona que sabe escuchar? En una escala del 0 al 100, el 0 representaría al peor escuchador imaginable y el 100 al mejor de todos, ¿cómo crees que escuchas a las personas?

Autoexamen 2

En una escala del 0 al 100, ¿cómo crees que las siguientes personas te puntuarían en tu capacidad de escuchar?

1. Tu familia (puedes darles puntuaciones individuales o una nota media grupal). _____

2. Tu mejor amigo o amiga. _____

3. Tus otros amigos o amigas. _____

4. Tu jefe.   _____

5. Tus compañeros de trabajo.   _____

6. Cualquier persona a la que supervises el trabajo.   _____

La mayoría de las personas (de hecho un asombroso 85 por ciento) puntúan su capacidad como media o inferior. En una escala del 0 al 100, la nota media es 55. Sólo un pequeño 5 por ciento se puntúan a sí mismos en la franja del 80-90, o se consideran excelentes escuchando. Cuando hayas terminado de leer este capítulo, ¡deberías estar en esa categoría máxima!

Cuando se trata de que otras personas evalúen tu habilidad para escuchar, si le has dado a tu mejor amigo la puntuación más alta de los seis grupos, ¡te encuentras entre la mayoría! De hecho, la mayoría de las personas cree que su mejor amigo les daría una puntuación más alta como persona que escucha, que la que se darían a ellas mismas. Esto se debe al poder de la autoridad. La gente tiende a prestar más atención a aquellas personas que tienen su vida, o parte de la misma, en sus manos. Curiosamente, y quizá valga la pena reflexionar sobre esto, los compañeros de trabajo y los subordinados suelen recibir exactamente las mismas puntuaciones que las que se darían a ellos mismos: 55 sobre 100.

Las puntuaciones para los familiares varían mucho, según la estructura particular de la familia y las relaciones interpersonales. Por desgracia, las puntuaciones que las personas creen que les daría su compañero sentimental o cónyuge respecto a su capacidad para escuchar tienden a disminuir en proporción inversa al número de años que llevan juntos. Esto encierra una moral…

Malos hábitos de escuchar

Hay 10 hábitos de escuchar que son de lo más perjudicial para nuestra habilidad como escuchadores y que más debilitan nuestra Inteligencia Social.

1. Hacer ver que prestas atención cuando en realidad no es así.
2. Intentar hacer otras cosas mientras escuchas.
3. Considerar que el tema no es interesante.
4. Distraerse por la forma de hablar o las maneras del orador.
5. Involucrarse demasiado y perder el hilo principal del argumento o los pensamientos de la otra persona.
6. Dejar que las palabras cargadas de emoción despierten ira personal y antagonismo.
7. Concentrarte en cualquier otra distracción en lugar de hacerlo en lo que te están diciendo.
8. Tomar notas lineales, monocromas.
9. Escuchar sólo los hechos.
10. Evitar todo lo que te resulta difícil o complejo.

¿De qué malos hábitos eres culpable? Anota tus debilidades y aquello que puedes hacer para mejorar tu capacidad de escuchar.

Escuchar activamente

Escuchar no es una actividad pasiva; no es la parte «aburrida» o «poco vistosa» de una conversación. Tal como yo mismo descubrí, saber escuchar es el ingrediente vital de una conversación satisfactoria, productiva e interesante.

«Al recurrir a mi gran dominio del lenguaje, no dije nada.»
Robert Benchley

No son sólo las palabras de una persona las que hemos de escuchar. Si también somos conscientes del lenguaje corporal de la otra persona (véase capítulo 2) podemos intuir mucho más significado de cualquier conversación, podemos escuchar tanto lo que *sienten* como lo que dicen.

Hay una frase cómica que creo que es especialmente pertinente aquí: «¡Sé que crees que entiendes lo que he dicho, pero no estoy seguro de que te des cuenta de que lo que has oído no es lo que yo quiero decir!».

Al escuchar a todo el cuerpo de la persona, de hecho, «oiremos» ¡lo que realmente nos está queriendo decir!

El resto de este capítulo está dedicado al entrenamiento social que rápidamente pondrá en forma tus músculos de escucha.

Sé consciente del lenguaje corporal

Aplica lo que has aprendido en el capítulo anterior sobre el lenguaje del cuerpo y escucha las palabras y el lenguaje corporal de la persona con la que estás hablando. Con frecuencia, esto te dirá tanto o más que las propias palabras. Escuchar de esta forma te convertirá en un escuchador «integral» en lugar de «parcial».

Sé también consciente de tu propio lenguaje corporal. Si estás en una postura encorvada y poco interesante, esto hablará por sí solo a la persona que está hablando, y consciente o inconscientemente, la deprimirá y desmoralizará. Si permaneces atento y con una actitud corporal de interés, comunicarás a la otra persona que la conversación te resulta interesante y eso le dará la confianza para infundir más energía a la misma.

Tu propio lenguaje corporal en esta conversación también tendrá un significativo impacto en ti y en tu percepción. Si estás aburrido y actúas con aburrimiento, ¡la persona que te está hablando se aburrirá todavía más! Si estás aburrido y muestras más interés, la persona que habla se volverá más interesante. Eres tú quien ayuda a crear más interés. Eres tú quien propicia la monotonía o la excitación de quienquiera que estés escuchando.

Sintoniza y entrena a tu mente a concentrarse

Te resultará más fácil entrenar tus facultades de escuchar cuando te des cuenta de la sorprendente habilidad que tiene tu cerebro para enfocarse en sonidos específicos y de cómo lo haces ya regularmente.

Recuerda cuando estás en una fiesta, en un restaurante ruidoso, en un bar o en una discoteca. En tales circunstancias tu cerebro tiene la habilidad de bloquear por completo más de 50 decibelios de estruendosos y cacofónicos ruidos mientras te concentras en una persona. Estás usando la misma facultad que tiene una madre cuando escucha el llanto de su bebé entre el barullo de esa ensordecedora masa.

Una forma fácil de ampliar tu recién descubierta habilidad de sintonizar con los sonidos es jugar en tu vida cotidiana a juegos de escuchar. Escucha el canal de los pájaros, el de la voz humana, el del tráfico, el de la lluvia y el de la brisa y el viento.

Intenta aislar sólo esos sonidos que quieres oír; te convertirás en un adepto de filtrar los ruidos no deseados. Conseguirás una capacidad para apreciar los sonidos del mundo que te rodean mucho más amplia y mayor, a la vez que reforzarás tus habilidades para escuchar y aumentar tu Inteligencia Social.

La proporción del 2 por 1

Recuerda que tienes dos orejas y una boca, ¡no al revés!

La próxima vez que te encuentres en una situación social apropiada, intenta escuchar el doble de lo que hablas. Tu Inteligencia Social recibirá un gran impulso si lo consigues, se suele decir que la persona más sabia es la que menos habla y la que más escucha.

¡Los ojos lo tienen!

El contacto visual es una parte fundamental para establecer y mostrar interés, sin embargo se suele descuidar. Esto no quiere decir que tengas que mirar fijamente a la otra persona durante todo el curso de la conversación (puedes intimidarla, aunque es evidente que hay veces que mirar intencionadamente a los ojos a una persona ¡es totalmente aceptable!).

Una mirada cálida de vez en cuando indicará que sigues interesado en la conversación, y por consiguiente, interesado en la otra persona.

Cartografía mentalmente mientras escuchas

Muchas personas hacen garabatos mientras escuchan una conferencia o una presentación o incluso cuando hablan por teléfono. En lugar de suponer una distracción, hacer garabatos les ayuda a concentrarse en esas circunstancias.

Un Mapa Mental$^®$ es un garabato organizado, que funciona con las sorprendentes facultades de tu cerebro para permitirte recordar las cosas con más facilidad que si utilizaras métodos de tomar notas ordinarios y lineales.

Los Mapas Mentales$^®$ son muy fáciles de hacer y hay varios ejemplos maravillosos en las láminas a color de este libro. Lo único que has de hacer es tomar una hoja de papel (lo más grande posible) y dibujar una imagen central que represente el tema o la idea principal que estás cartografiando mentalmente.

Imagina que estás escuchando una conferencia sobre «El arte de escuchar». Este tema principal está representado por una imagen de una oreja (véase la ilustración de la página 49). Irradiando de esta imagen central, dibujarás algunas rayas parecidas a ramas y en cada una de ellas escribirás un elemento importante del arte de escuchar; por ejemplo, el «lenguaje corporal» o «escucha activa». De cada una de estas ramas iniciales, trazarás otras, desarrollando cada concepto.

Lo maravilloso de los Mapas Mentales® es que utilizan palabras *y* dibujos para crear asociaciones en tu cerebro. No sólo eso, sino que cuanto más coloridos y originales sean mejor. Tu cerebro polifacético y con múltiples talentos utiliza conjuntamente palabras, colores, formas e imágenes de forma natural. Y así estarás trabajando con tu brillante cerebro, en lugar de hacerlo contra el mismo.

Mientras construyes las palabras, las ideas y las imágenes clave interconectadas aumentará tu comprensión de lo que estás escuchando. No te preocupes si tus Mapas Mentales® quedan un poco desordenados en el proceso, ¡probablemente será así! Puedes considerarlos sin problemas como un borrador y organizarlos después de la charla o de la presentación.

Escucha con una mente abierta

Es muy fácil distraerse con palabras que desencadenan emociones negativas. Date cuenta de que, al fin y al cabo, no son más que palabras e intenta verlas con objetividad. Mientras desarrollas tus habilidades de escuchar, podrás forjarte imágenes más completas y exactas sobre los Mapas Mentales® internos de otras personas. Esto te permitirá relacionarte con ellas y comprenderlas mucho mejor que si te hubieras enzarzado en desacuerdos emocionales.

Utiliza la velocidad de tu cerebro

Tu cerebro puede pensar a cuatro o diez veces la velocidad del habla. Esto significa que cuando estás escuchando tienes mucho tiempo libre para utilizar el «tiempo libre» extra que tiene tu cerebro. Piensa «en tus pies» y presta atención al lenguaje corporal de la persona, escucha el significado entre líneas. Organiza, resume, analiza y haz notas con los Mapas Mentales[®].

Esto te convertirá en un escuchador más activo y comprometido, ese tipo de persona con la que los demás desean relacionarse.

Juzga el contenido, no la forma

A menos que seas un juez en un concurso de oradores, céntrate en el contenido de lo que se dice. Procura no criticar ni juzgar negativamente, como hacen muchas personas que carecen de Inteligencia Social, cualquier incorrección en la forma y el estilo de la persona que habla. Tu cuerpo transmitirá tu negatividad, que el orador percibirá, al igual que los otros que te rodean. No es la mejor forma de hacer amigos ni contactos.

Recuerda, concéntrate en el contenido.

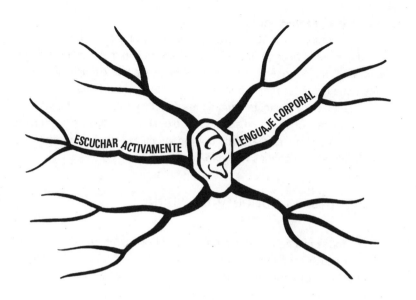

Escucha las grandes ideas

Muchas personas escuchan sólo los hechos y al final los árboles no les dejan ver el bosque. Tu cerebro trabaja mucho mejor cuando puede captar el «mapa general del territorio», de modo que escucha los grandes temas para las ramas principales de tus Mapas Mentales®.

Cuando hagas esto, te sentirás más seguro y libre de estrés. También estarás mucho más dispuesto a colocar los hechos en los lugares apropiados, como las piezas de un rompecabezas y así comprenderás la conversación con más facilidad.

Potenciadores del cerebro social

- Todas mis habilidades para escuchar están mejorando.
- Escucho con una mente abierta.
- Cada vez estoy más interesado en todos los temas.

En el siguiente capítulo veremos cómo podemos utilizar todo lo que hemos aprendido hasta ahora respecto al lenguaje corporal y escuchar, entablando conexiones con los demás.

Relacionarse

Capítulo cuatro

«¡Sólo conecta!»

E.M. Forster

Todos sabemos los problemas que tenemos cuando nos preparamos para nuestra primera cita con alguien especial: la indecisión sobre qué ponernos (¿demasiado elegante?, ¿demasiado informal?, ¿demasiado atrevido?); el dilema de «llego puntual o diez minutos tarde»; la angustia sobre «¿de qué caray voy a hablar con él o con ella?», etcétera.

Sin embargo, *cada* primera cita debería plantearse con el mismo cuidado, ¡incluso esas primeras citas no planificadas!

En este capítulo te daré algunas ideas sobre cómo puedes causar impresiones positivas y duraderas en las personas que conoces, lo que te ayudará a conseguir que personas que son meros conocidos se conviertan en amistades verdaderas.

Cuantas más reuniones e interacciones tengas, más Inteligencia Social desarrollarás. Cuanto más amplio sea el círculo de amistades y conocidos, más querido y popular serás, más agradable será la vida para ti y (lo creas o no) ¡más sano estarás!

Caso de estudio: Corazones solitarios

Un estudio sueco ha demostrado que vivir solo y tener pocos amigos te puede conducir prematuramente a la tumba. ¿Cómo? Cambiando la forma en que tu corazón responde a las tensiones diarias.

El estudio sugiere que el aislamiento social es malo para la salud y explica por qué las personas aisladas socialmente son más propensas a las enfermedades cardíacas y a otras enfermedades.

La doctora Myriam Horsten y sus colaboradores del Karolinska Institute de Estocolmo midieron el ritmo cardíaco de 300 mujeres sanas durante un período de 24 horas. También se las encuestó sobre su red de amistades y sobre cuánto se enfadaban o deprimían.

Horsten y su equipo estaban interesados en la «variación del ritmo cardíaco», en medir con qué facilidad cambia éste en el transcurso de un día normal. Una persona sana que esté destinada a vivir una vida larga y feliz tendrá una amplia gama de variación del ritmo cardíaco en un período de 24 horas. Los ritmos cardíacos que no varían demasiado se han asociado a la muerte prematura, especialmente a causa de enfermedades del corazón. Los resultados del estudio mostraron que las mujeres que vivían solas, que tenían pocas amistades y que no tenían a nadie que pudiera ayudarlas con actividades que causan estrés, como cambiarse de casa, tenían una probabilidad mucho más alta de tener un ritmo cardíaco con poca variación.

Es evidente que una vida activa y social implicará necesariamente al corazón en una extensa gama de oscilaciones. Reírse, la excitación, la pasión, la ira, la frustración, la relajación y otra extensa gama de emociones asociadas con las actividades sociales suponen un maravilloso ejercicio para el corazón que no es privilegio de las personas que viven en aislamiento social.

Horsten dice: «Cuanto más apoyo social tienen, más alta es la variación del ritmo cardíaco». Prosigue con la conclusión de que vivir en aislamiento es un alto factor de riesgo para la salud y la longevidad.

¡Las primeras impresiones cuentan!

Tu cerebro (y el de todo el mundo) recuerda mejor de forma natural las cosas que ve o aprende temprano, que las que ve o aprende posteriormente.

Según el principio del cerebro de «Lo primero es lo primero», probablemente recordarás la primera vez que conociste a una persona que para ti es ahora la más importante. Es probable que también recuerdes la primera vez que fuiste a una ciudad o país extranjero, y es más que probable que no hayas olvidado ¡tu primera aventura amorosa!

Este principio del cerebro también parece predecir que cuando vas a algún acto social serás muy consciente y probablemente recordarás tus primeras impresiones: del recital, del público y de la atmósfera.

Y, por supuesto, *lo mismo le sucederá a las otras personas*.

Las personas socialmente inteligentes son las que destacan en los primeros encuentros y siempre son recordadas de forma favorable por su calidez, actitud positiva y su interés en la otra persona.

Aquí tienes algunos consejos que te ayudarán a causar buena impresión.

- Asegúrate de que tu lenguaje corporal es positivo: permanece de pie con porte, seguridad y atento; cuando des la mano hazlo con firmeza, mira a la persona a los ojos y dile «hola» con una sonrisa.
- Mantén el contacto visual apropiado mientras hablas, esto indica que consideras interesante a la otra persona y eso, por supuesto, hace que la otra persona piense lo mismo de ti.
- Actúa con seguridad y de forma positiva, ¡aunque no te sientas así! (Recuerda el capítulo 2.) Al actuar como si estuvieras relajado y seguro harás que la otra persona se relaje y crecerá la confianza.
- Vístete para impresionar, ¡apropiadamente! Tener un aspecto limpio y cuidado para una entrevista de trabajo es evidente, pero a veces es conveniente indagar un poco preguntando a los demás para que te ayuden a encontrar el aspecto «apropiado».

¡Las últimas impresiones también cuentan!

Hay otro principio del cerebro que va con «Lo primero es lo primero» y es que «Lo último también». Esto confirma que aunque todo sea igual, recordarás más fácilmente lo «último». Revisa tus bancos de memoria y observa si puedes aplicar este principio a lo siguiente.

Probablemente recordarás:

- La última persona nueva que has conocido.
- La última vez que viste a la persona que más amabas.
- El último acto social al que asististe.

Este principio del cerebro también predice que no sólo recordarás a la persona o el acontecimiento, sino que recordarás dónde estabas, lo que llevabas, qué tiempo hacía, quién más estaba contigo, de qué estabas hablando y qué sentías, etcétera. Además también predice que si se te pide que describas con el mismo detalle el decimoséptimo o el trigesimoquinto acontecimiento similar anterior a ese último, ¡seguro que no tienes ni la menor idea!

Según el principio de «Lo último también», recordarás lo siguiente:

- Tu última gran aventura amorosa.
- Tus últimas grandes vacaciones.
- La última comida con un amigo.
- La última vez que visitaste un país extranjero o una gran ciudad.

Por desgracia, hay millones de personas hoy en día que lamentan profundamente no ser conscientes de este principio. Su última cita con alguien querido o cercano a ellas fue desagradable, hubo riñas o fue negativo; quizá se separaron diciéndose barbaridades, insultos o improperios. Y luego, por alguna razón del destino, nunca más han vuelto a ver a esa persona.

El principio de «Lo último también» les acecha eternamente con un recuerdo final negativo de esa persona y de su relación social, y a menudo con el lamento constante de «si lo hubiera sabido»...

Dejar una «nota alta»

Ahora que ya sabes que tus compañeros sociales recordarán, tanto si lo desean como si no, los últimos momentos que habéis pasado juntos, asegúrate de que éstos sean positivos e «inolvidables» para todos los implicados.

Cuando te despidas de un amigo o un conocido con un toque de optimismo, sonriendo o riendo, siendo agradable, dando las gracias de todo corazón y deseando lo mejor, dejas a tu compañero o compañera con un recuerdo duradero de vuestro encuentro y de ti mismo.

Además también le darás más energía física y aumentará la probabilidad de tener una salud más duradera. Un encuentro social y una despedida positivos inundan a tu sistema inmunológico de hormonas de «sentirse bien» que hacen que tu cuerpo resista mejor las enfermedades y esto es tanto para ti como para los demás.

De modo que tu conducta socialmente inteligente y altruista no sólo beneficia a tus amistades y colegas, sino a ti también. Si dejas a las personas con una buena nota, ¡también te dejas a ti mismo una buena nota! De esta manera alimentas tus bancos de memoria con recuerdos maravillosos y enaltecedores, a la vez que potencias tu resistencia al estrés y a las enfermedades y dolencias.

PERO RECUERDA: Lo contrario también es cierto…

Si dejas a tus amistades, amantes y colegas con impresiones antagónicas y desagradables, favoreces que sus cuerpos se llenen de toxinas que les dejen físicamente desequilibrados, que sus sistemas inmunológicos se debiliten y que arruinen sus recuerdos.

¡Y tú sufrirás el mismo efecto!

La elección está en tu mano...

Decir «no» y conservar las amistades

Cuando se tiene presente el principio de «Lo último también», ¿cómo puedes decir que «no» a la gente y dejarles una impresión positiva de tu encuentro?

El truco es saber decir que no con gracia y con tacto, pero con suficiente seguridad como para que la persona se dé cuenta de que «no» significa «no», en lugar de que «si me vas detrás durante el suficiente tiempo, cederé para que me dejes en paz», tanto si la petición es quedarse a trabajar hasta tarde, salir con alguien como hacer una guardia extra en la escuela.

Asegúrate de que explicas *por qué* no puedes decir «sí» —estás ocupado o tienes otros planes— o si es necesario, porque simplemente no quieres: estás en tu derecho.

Si es posible ofrece una alternativa. Puede que no quieras hacer una guardia extra mañana, pero puedes ofrecerte para hacerla la semana siguiente, ¡el compromiso es la clave para las negociaciones con éxito!

Utiliza la Inteligencia Social y demuestra que entiendes la razón por la que tu amigo o colega te ha pedido algo y que sientes no poder ayudarle. Una negativa comprensiva que demuestra la preocupación por la persona, casi siempre se recuerda con más afecto que una aceptación brusca, que da la impresión de falta de consideración.

El arte de la conversación

La finalidad de la conversación es establecer una conexión con otra persona, intercambiar ideas e información y, por encima de todo, hacer que sienta que ella te importa y que es especial. Gracias a tu Inteligencia Social siempre en expansión sabes que si consigues que alguien se sienta importante, automáticamente será más agradable y te ayudará más.

Las conversaciones son de todo tipo —desde charlas informales con los amigos y pequeñas conversaciones en fiestas hasta conversaciones con tu jefe relacionadas con el trabajo—. Algunas personas pueden mantener conversaciones laborales formales sin ningún problema, pero cuando les toca entablar una breve charla de cortesía con alguien que no conocen no saben qué decir. Otras personas se sienten bastante cómodas hablando cara a cara con alguien, mientras que les aterra hablar a un grupo.

A continuación hay algunos consejos e indicaciones que te ayudarán a que tus conversaciones sean socialmente más inteligentes, productivas y positivas para todos. Te diré cómo te puedes presentar de la mejor manera posible a una persona nueva, cómo relacionarte y cómo superar el miedo a decir algo inoportuno en el momento inoportuno.

Charlas triviales, grandes recompensas

«En la habitación las mujeres van y vienen hablando de Miguel Ángel.»

T.S. Eliot

A muchas personas las «charlas triviales» de las reuniones sociales les ponen nerviosas. Les preocupa no tener nada interesante que decir, que las otras personas piensen que son aburridas y serias y que la «conversación» termine en un incómodo silencio.

Las siguientes indicaciones te ayudarán a que ¡nunca te quedes sin saber qué decir en una fiesta!

Planifica con antelación y mantente informado

Lee las páginas que dedican los periódicos al arte los fines de semana o las informaciones deportivas. Éstas te proporcionarán una mina de nuevos temas de los que hablar y te asegurarán que tanto si la conversación se decanta hacia las nuevas promesas del tenis como hacia la última película o exposición que «se ha de ver», serás capaz de responder con conocimiento y entusiasmo.

De la misma manera, si sabes que una persona en particular va a estar en ese acto, intenta averiguar por medio de amistades mutuas cuáles son sus gustos, ¡así puedes informarte con antelación respecto a los mismos!

Ten siempre a mano algunas anécdotas

Contar anécdotas e historias humorísticas es una gran forma de mantener una conversación. Las vacaciones y los viajes son maravillosas fuentes para esto: cuanto más inusuales, llamativas y divertidas puedas hacerlas mejor.

El humor no sólo demuestra Inteligencia Social, sino que nuestro cerebro está preparado para el mismo, como demuestra el siguiente estudio.

Caso de estudio: Ver el lado divertido de las cosas

La investigación realizada en Toronto por el doctor Donald Stuss del Rotman Research Institute examinó un área del cerebro del tamaño de una bola de billar que se encuentra en la parte superior frontal del mismo, conocida como la corteza prefrontal derecha o media.

Stuss y sus colaboradores demostraron que esta parte del cerebro estaba íntimamente relacionada con la capacidad para entender los chistes, detectar las bromas y comprender los procesos mentales de los demás, a fin de poder sentir empatía y simpatía; también nos ayuda a comprender el humor, nos permite darnos cuenta de cuándo los demás son irónicos, sarcásticos o incluso mentirosos.

> **Según parece el cerebro ha sido diseñado para ayudarnos a interactuar tanto a niveles simples como complejos con nuestros compañeros humanos.**

Hacer que la conversación fluya

Una conversación se puede comparar con una carrera de relevos de dos personas; la primera capta una conversación y corre con ella lo más lejos que puede y luego se la pasa al otro «corredor de la etapa», que lleva la conversación lo más lejos posible, antes de devolverla.

Si ambos corredores contribuyen por igual en la conversación, entonces serán capaces de mantenerla durante mucho tiempo, porque ambos podrán «descansar» lo suficiente entre etapas. Sin embargo, si uno de los conversadores sólo toma el tema durante un breve recorrido antes de pasar de nuevo el testigo, la segunda persona pronto se cansará y al final dejará de correr.

El secreto de las conversaciones fluidas es hacer preguntas «abiertas» —es decir, las que necesitan una respuesta más larga que «sí» o «no»— y responder con pelos y señales.

Por ejemplo, si se te pregunta adónde has ido de vacaciones este año. Puedes responder (por ejemplo) que fuiste a Malta un par de semanas. También puedes responder que has pasado un par de semanas en Malta, que alquilaste un coche para recorrer la isla, que has visto las ciudades antiguas y los campamentos de los cruzados. Luego que pasaste la segunda semana relajándote en pequeños pueblos típicos de pescadores, empapándote del sol y del ambiente. Puedes preguntarle a tu compañero de conversación si ha estado alguna vez en Malta.

Si la otra persona es socialmente tan inteligente como tú, su respuesta probablemente se encontrará en la línea del «sí, también he estado en Malta y en especial me han gustado las playas, los puertos, el buen clima, la arquitectura; o no, no he estado en Malta, pero he estado en Creta, Chipre, Italia, Grecia y...»

De esta manera, la conversación es como un juego de ping-pong entre los dos.

¡Escucha!

Un gran temor que tienen muchas personas en las fiestas y en los encuentros sociales es aburrirse. Piensan equivocadamente que su vida u opiniones no son interesantes para hablar de ellas.

Si esto te preocupa, no lo permitas. Revisa el capítulo anterior y perfila tus habilidades de escuchar. Sólo puede hablar uno a la vez y cuanto más comprensivo e inteligente seas escuchando, más te hablará la otra persona.

¡Recuerda la proporción de las orejas y la boca!

Conversaciones adecuadas

El distintivo de las personas con altas puntuaciones en Inteligencia Social es su habilidad para conversar rápida y fácilmente con todo tipo de personas en todo tipo de situaciones.

No importa si la conversación es una breve forma de pasar el rato con la persona que está detrás del mostrador en la tienda de comestibles de tu barrio, una discusión sobre los problemas de tu coche con el mecánico o un informe de conducta con tu jefe; los principios sub-yacentes a las conversaciones inteligentemente sociales son los mismos.

- Muestra siempre respeto por la otra persona. Nunca hables mal de los demás. Intenta hablar con todas las personas de la misma manera que te gustaría que se dirigieran a ti.
- Sé consciente de lo que quieres sacar de la conversación: un amistoso intercambio de cotilleo y noticias; asegurarte de que tu coche quedará bien reparado, una conversación sincera sobre los objetivos del trabajo, metas para el futuro y tu rendimiento.
- Utiliza el lenguaje apropiado para cada situación. Por ejemplo, tu conversación con el tendero será informal y amistosa; la del mecánico requerirá conocer hechos concretos sobre lo que hace o no hace el coche —es decir, si la dirección se va hacia un lado—; a lo mejor se trata de que las ruedas no están bien alineadas; tu jefe apreciará una conversación profesional y de negocios respecto a tu trabajo, completada con pruebas evidentes de tu rendimiento respecto a los objetivos fijados.

Presentaciones

Las charlas en grupo o presentaciones es mejor verlas como conversaciones con varias personas a la vez, pues aunque normalmente las personas no aportarán respuestas durante tu turno de palabra, sin duda estarás recibiendo *feedback* y apoyo de ellas a través de su lenguaje corporal y reacciones en general a lo que estás diciendo (risas, murmuraciones de acuerdo o desacuerdo, etcétera).

¿Recuerdas los principios del cerebro de «Lo primero es lo prime-

Mapa Mental® que resume el capítulo 2

Mapa Mental® que resume el capítulo 3

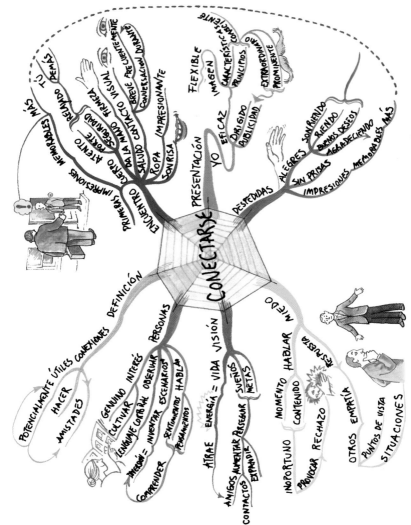

Mapa Mental® que resume el capítulo 4

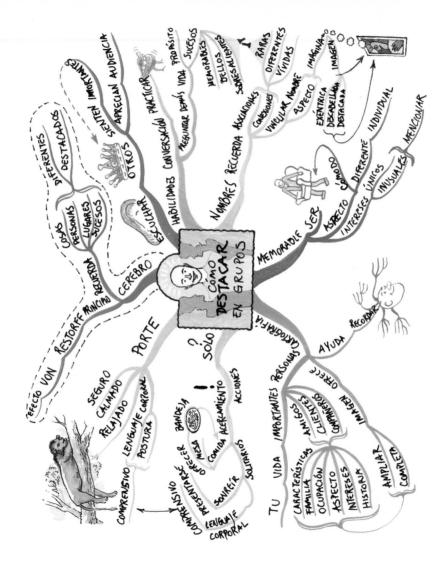

Mapa Mental® que resume el capítulo 5

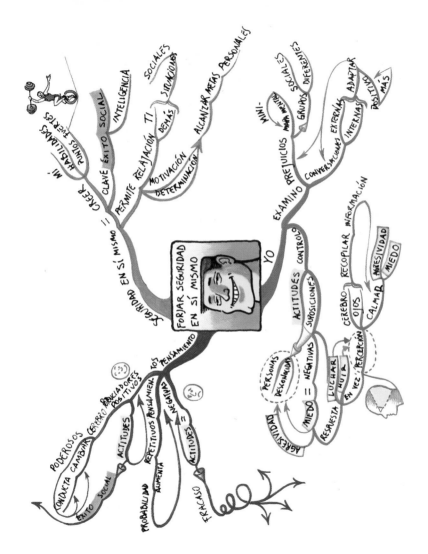

Mapa Mental® que resume el capítulo 6

Mapa Mental® que resume el capítulo 7

Mapa Mental® que resume el capítulo 8

MODALES

GENTE
CULTURAS
OTROS

AGRADECER
DAR
¿ RAZÓN
PACIENCIA
HABILIDAD ESPECIAL
SERVICIO
TIEMPO
RELAJADOS
ATENTOS
DE NUEVO
TÚ
RECEPTOR
DÍA SIGUIENTE
NOTA
CARTA
ESTUDIAR
SENTIMIENTOS
COSTUMBRES
CONCIENCIA
SENSIBILIDAD
RESPETO
IMPORTANTE

CONDOLENCIAS
DIFÍCIL
APRECIADAS
CARTA PALABRAS
NO IMPORTANTES
PENSAMIENTOS IMPORTANTES
FLORES
AYUDA PRÁCTICA
ABRAZO

CELEBRACIONES
CREAR
MOMENTOS
ESPECIALES
ANIVERSARIOS
CUMPLEAÑOS
ESPECIALES VACACIONES
ACTOS
RITUALES
CEREMONIAS
IMPORTANTES
RECORDAR

REGALOS
MOMENTO
ADECUADO
RECORDADOS
DESTACADOS
DIFERENTES
POSIBLES
APILAR

Mapa Mental® que resume el capítulo 9

ro» y «Lo último también» (páginas 54-57)? Puedes usar este conocimiento para asegurarte de que el grupo recordará aquello que quieres que recuerde. Los cerebros humanos recuerdan las cosas que suceden en los comienzos y en los finales mejor que las que suceden en el medio. Asegúrate de que transmites los aspectos más importantes al principio y al final de tu charla. (Esto, por supuesto, se puede aplicar a todas las conversaciones.)

Destaca los puntos importantes, y por lo tanto memorables, de alguna manera, utiliza historias imaginativas y curiosas para dar énfasis.

Planifica tu charla con antelación utilizando los Mapas Mentales®, eso te ayudará a serenarte y te relajará para que puedas dar una charla brillante, ingeniosa, memorable y socialmente inteligente.

Presentarse a uno mismo

«... habrá un momento para preparar un rostro para conocer a los rostros que encuentras.»

T.S. Eliot

Presentarse a uno mismo es lo mismo que hacerse publicidad y se ha de considerar de la misma manera que si tuvieras que vender cualquier tipo de producto: ¡un coche, unas vacaciones o palomitas! ¡La única diferencia es que el producto eres *tú*!

Has de resultar atractivo para los «compradores» (la gente a la que estás intentando impresionar o conocer), a fin de que se interesen por ti. Te has de asegurar de que destacas entre todos los demás «productos» del mercado, para conseguir lo que la gente del marketing llama un PVU o «punto de venta único». Este «extraordinario» principio (que se conoce como el efecto Von Restoff) lo veremos con más detalle en el siguiente capítulo (véase página 75). Pero a continuación tenemos una historia que nos muestra cómo funciona y lo importante que es.

Un vendedor socialmente inteligente de la empresa IBM decidió utilizar el efecto Von Restoff para que le ayudara a alcanzar el éxito en la carrera que había elegido. Como a IBM se la conocía como la Gran Azul, optó por adoptar ese color y por «von restoffearse» a sí mismo llevando dicho tono.

Se renovó todo el guardarropa y se compró sólo camisas, trajes, corbatas y abrigos azules. Se compró un coche azul con tapicería del mismo color, un reloj con la esfera y la correa azules y un maletín azul. Se diseñó su propio encabezamiento de carta en color azul, y tenía una pluma estilográfica con tinta azul.

Allá donde fuera destacaba por ser único en su género. Llegó a ser conocido como «Mister Blue» y gracias a su total dedicación a su identidad, trabajo, carácter único y clientes, pronto fue conocido como el vendedor estrella de IBM.

Dado que Mister Blue era tan único, la gente quería asociarse con él, y por lo tanto le compraban a él. Había conseguido destacar en los recuerdos de sus clientes de la misma manera que probablemente ¡destaca ahora en nuestra memoria!

Por encima de todo, has de saber qué es lo que estás «vendiendo» y creer en el «producto», es decir, has de tener confianza en ti mismo y en tus habilidades.

Conectarse

Conectarse en realidad forma parte de presentarse a uno mismo y las personas socialmente inteligentes suelen hacerlo de forma natural.

Lo único que conlleva es conectarse con la gente que conoces. Debes dirigirte a todas las personas como si fueran potencialmente importantes en tu vida, que por supuesto, lo son. Si alguien es importante para ti, sueles asegurarte de que tratas a esa persona con respeto y que valoras su amistad.

Esto se aplica tanto al amigo de un amigo que has conocido por casualidad como a un encuentro en un entorno más formal en circunstancias «evidentemente» diseñadas para conectarse en el mundo de los negocios, en la vida social o profesional, como puede ser una conferencia o charla, por ejemplo.

El miedo a «equivocarse»

Uno de los grandes temores que tienen las personas es decir algo inoportuno, en el momento inoportuno y sufrir el rechazo de los demás.

Por ejemplo, llamas a un amigo para charlar, y éste o ésta te dice de manera cortante, que ahora no puede hablar y te cuelga. Como es natural, te quedas desconcertado y herido.

Sin embargo, con tu Inteligencia Social que se está desarrollando, ahora sabrás qué hacer en dicha situación. *¡No te lo tomes de forma personal!*

Ponte en el lugar de la otra persona y date cuenta de que, por ejemplo, en el mismo caso que hemos planteado, tu amigo o amiga puede tener prisa: el bebé tiene fiebre, el jefe acaba de dejarle un montón de trabajo sobre la mesa de despacho con una fecha para acabarlo totalmente demencial, el timbre acaba de sonar... ¡No es de extrañar que no se pueda parar a hablar!

El enfoque socialmente inteligente es preguntar de entrada si es un buen momento para hablar. Tu amigo apreciará tu consideración y tendrás una respuesta mucho más acogedora. Cuando te devuelva la llamada, ambos disfrutaréis de una conversación más relajada y amistosa.

¿Estás listo para empezar con tu entrenamiento social?

Entrenamiento social

¡Aprende a saludar!

Hay muchas fórmulas complejas para las diferentes formas en las que debes saludar a tus amigos, jefes, socios, contactos de negocios, nuevos conocidos, etcétera. Esto no es tan necesario cuando conoces la fórmula básica para todas las situaciones de encuentro:

1. Aborda la situación de encuentro de forma positiva y con optimismo.
2. Sonríe.
3. Da la mano, abraza cálidamente y con un lenguaje corporal abierto.
4. Empieza los «procedimientos» con asuntos que interesen, no a ti, sino a ellos.
5. ¡Ya has ganado!

¡Haz que la sonrisa sea tu rúbrica!

Gracias al capítulo sobre el lenguaje corporal (capítulo 2) ya sabes que tu sonrisa tiene el poder de transformar. Esto es especialmente cierto en las relaciones profesionales y con personas allegadas. Tenlo siempre presente y haz que *la sonrisa sea tu rúbrica*.

Interésate de verdad por los demás

¡No hay nadie tan interesante como alguien que se interese por ti! La palabra importante de la Inteligencia Social es «genuino». Cuando estás genuinamente interesado, todas las señales de tu lenguaje corporal transmitirán la verdad de tu interés. Si mientes, ¡tu cuerpo te delatará!

Puedes estar genuinamente más interesado en las personas convirtiéndolas en tu hobby y dándote cuenta de lo única que es cada una.

Asegúrate de que dejas una buena impresión

Haz que tus despedidas dejen un recuerdo memorable en todos. Utiliza tu conocimiento del principio «Lo último también» para que tus despedidas se tengan en cuenta.

Procura no marcharte de repente ni enfadado con nadie. Nunca sabes cuándo le volverás a ver.

¡Consigue una visión! ¡Consigue una vida social!

Si en estos momentos no tienes un propósito principal en la vida, trabaja en definir uno. Toma nota, idealmente en forma de Mapa Mental®, de todos tus intereses.

Luego piensa lo que te gustaría conseguir personalmente en los próximos cinco o diez años y en tu vida en general.

Recuerda que las metas y visiones pueden cambiar a medida que avanza tu vida. Es importante tener una. Las visiones más comunes de la vida incluyen:

- Viajar por el mundo.
- Ser la mejor madre, padre, familiar posible.
- Dominar algún instrumento musical, alguna habilidad física, académica o tema.
- Trabajar por cuenta propia.
- Hacer felices al máximo número de personas.

Una vez que hayas definido tu sueño, apóyate en esa decisión. Lee libros, busca en internet, hazte de algún club y realiza funciones sociales que te ayuden a conseguir tu meta. A medida que haces esto expandirás automáticamente tu círculo de contactos y amistades.

Practica tus habilidades de conversar

Entabla conversaciones con las personas que conoces a tu paso por la vida. Intercambiar unas pocas palabras con los vendedores de las tiendas todos los días será una buena práctica y te ayudará a tener más confianza, si todavía dudas sobre hablar con personas que no conoces. Intenta ponerte en la piel de los demás (véase página. 67) y observa lo bien que responden las personas y lo afectuosas que son contigo.

Aprende a reírte de ti mismo

Si te ríes, el mundo reirá contigo. Si te ríes de ti mismo, ¡el mundo se reirá todavía más contigo! Ser capaz de reírse de uno mismo demuestra que tienes la habilidad de salir de ti mismo y ver las cosas desde muchas perspectivas diferentes. También indica que no siempre te tomas en serio, sentencia de muerte para las relaciones, si lo haces. Reírte de ti mismo también aumentará tu porcentaje de sonrisas...

Cartografía mentalmente las charlas y las conversaciones

Si te estás planteando una charla o una presentación más formal, asegúrate de que cartografías mentalmente lo que quieres decir. Esto hará que tu charla sea más lógica (muy importante en un entorno de negocios). También recordarás todos los puntos pertinentes que quieres comentar.

Potenciadores del cerebro social

- Estoy aplicando los principios de lo «último y lo primero» para mejorar las vidas sociales de los demás y la mía.
- Cada vez me aseguro más de que mi lenguaje corporal refleja las palabras que estoy pronunciando.
- Estoy aplicando el principio de Von Restoff a mi comunicación, mi memoria y mi vida.
- Estoy cada vez más interesado en la historia y vida personal de cada una de las personas que conozco.
- Mi visión de la vida cada vez más clara me ayuda en el desarrollo de mi Inteligencia Social.
- Mi sentido del humor es cada vez más agradable y divertido.

Cómo destacar en grupos

Capítulo cinco

Muchas, muchas personas, incluso las que están seguras de sí mismas y son sociables cada día, se arrugan y se encogen cuando se trata de asistir a grandes reuniones o fiestas. El mar de rostros extraños les abruma y se pasan la mayor parte del tiempo de pie en un rincón intentando desesperadamente reconocer al menos una cara amiga a la que dirigirse. Al final, se las arreglan para escaparse y se juran no volver nunca a ese tipo de acto social.

Imaginemos, sin embargo, otro escenario...

Nuestros invitados a una fiesta entran en la estancia con seguridad, miran a su alrededor para ver la magnitud del grupo. Dan unas vueltas para introducirse en un círculo que les guste, escuchan la conversación durante unos minutos y luego paulatinamente aportan algún comentario amistoso de cosecha propia. Se hacen las presentaciones y al cabo de un rato son el centro del grupo.

Esto se puede repetir tantas veces como haga falta, si un grupo está demasiado bien establecido y es demasiado cerrado como para permitir la llegada de un «extraño», entonces nuestro invitado socialmente inteligente se va a otro grupo.

Cómo destacar en grupos

Este capítulo contiene indicativos y consejos que te ayudarán a disfrutar de los acontecimientos y actos sociales, en lugar de contentarte con soportarlos.

Ganarse al público

Al igual que sucede con la mayoría de las cosas, hay un truco para ganarse a las personas cuando hay mucha gente, que se puede aprender, practicar y desarrollar.

Primero (y esto ya lo habrás oído antes): ACTÚA CON SEGURIDAD.

Si piensas: «¡Socorro, no conozco a nadie! ¡No quiero estar aquí!», no vas a proyectar una imagen muy positiva al resto de las personas presentes. Sin embargo, si mentalmente haces una respiración profunda antes de lanzarte al ruedo, aparentarás sentirte seguro y eso también te dará confianza, te sentirás positivo y como en tu propia casa al momento. Podrás calmarte los nervios con más facilidad y cuanto más calmado y relajado te muestres, más lo estarán las otras personas cuando te conozcan. Crearás una espiral positiva.

Lo siguiente que has de recordar es que las masas están hechas de personas. Es muy probable que también haya alguna otra persona que dé vueltas sintiéndose algo perdida. Acércate a ella con una sonrisa y con un lenguaje corporal amistoso y preséntate. Es casi seguro que estará tan contenta de que te hayas interesado en ella, que también se interesará por ti y tendrá una buena disposición hacia tu persona.

Si no ves a nadie que esté solo, busca algún bufete o mesa con comida. Es muy fácil entablar conversación con las personas que están cerca de los canapés. Mejor todavía, puedes coger una bandeja y pasarla por el salón, ésta es una forma infalible de romper el hielo.

Recuerda usar tus habilidades de leer y escuchar el lenguaje corporal. Antes de que te des cuentas estarás relajado, adaptado y disfrutando de la fiesta.

El principio de asociación

Una de las cosas que más nos cuesta en las reuniones sociales es recordar los nombres de las personas que vamos conociendo. Esto pasa sobre todo cuando te presentan varias personas a la vez y ya estás nervioso.

El principio de asociación del cerebro dice que para estar en forma mental, física y socialmente tienes que asociar. Si quieres aprender bien, has de hacer las asociaciones correctas entre las cosas; si quieres recordar bien, has de crear asociaciones vívidas entre las cosas que ya recuerdas y las nuevas que quieres recordar; si quieres ser socialmente hábil o un líder social, entonces has de hacer asociaciones todavía más satisfactorias con las otras personas.

Existe un principio del cerebro que corresponde al de la asociación, el efecto Von Restoff o el «Principio memorable o destacado».

A principios del siglo xx, un tal doctor Von Restoff realizó una serie de experimentos que proporcionaron interesantes hallazgos para aquellos que querían desarrollar sus inteligencias sociales.

El sorprendente descubrimiento de Von Restoff fue que tendemos a recordar esas cosas, personas, lugares, etcétera, que asociamos en nuestros cerebros como *marcadamente diferentes*.

¿Te sucede a ti?

Vamos a verlo.

El principio de Von Restoff predice que cuando recuerdas con tus amigos los buenos tiempos y vuestros recuerdos del pasado, normalmente dirás cosas como «¿Recordáis aquella *increíble* semana que pasamos esquiando en los Alpes?», o «¿No fue la meta más *fantástica* y apasionante que hemos tenido jamás?», o «Nunca he visto un atardecer tan *espectacular* como el del verano de 2001», etcétera.

Aquí tienes un rápido test para revisar este principio. A continuación tienes una lista de ciudades y países. Después de leer la ciudad o país, visualiza la imagen del primer edificio que te recuerda ese lugar.

Existen aproximadamente decenas de millones de edificios entre los que podrías escoger. Sin embargo, el principio de Von Restoff predice que el 99 por ciento de las personas darían las mismas respuestas.

Estos son los países y las ciudades:

1. Egipto
2. La India
3. París, Francia
4. Roma, Italia
5. Atenas, Grecia
6. Londres, Inglaterra
7. Sydney, Australia

Éstas son las respuestas que dieron la mayoría de las personas que hicieron este ejercicio, ¿cuáles han sido tus respuestas?

1. Egipto   Las pirámides
2. La India   El Taj Mahal
3. París   La Torre Eiffel (Notre Dame y el Louvre,
                   también se mencionaron)
4. Roma   El Coliseo
5. Atenas   El Partenón
6. Londres   El Big Ben (a veces se mencionó St. Paul)
7. Sydney   La Ópera

¡Las reglas de Von Restoff!

Comprender este principio humano vital nos ofrece una tremenda perspectiva respecto a la conducta social de otras personas y la nuestra.

Puesto que todos queremos ser recordados por nuestros amigos, compañeros y otras personas en general, todos intentamos asegurarnos que de alguna manera ocupamos un lugar destacado en los recuerdos de otras personas. ¿Recuerdas la historia de «Mister Blue» en el capítulo anterior? Él se aseguró destacar.

¿Les recuerdas?

Uno de los grandes estímulos para tu seguridad y popularidad social es recordar los nombres de las personas que conoces. Esto es mucho más fácil si puedes ver en ellas algo especial. Pregúntales sobre las cosas más extraordinarias que les han pasado, su principal propósito en la vida, la cosa más bella que hayan visto, el acontecimiento más memorable, etcétera. Esto te dará una imagen Von Restoff destacada, que entonces podrás combinar con el principio de asociación que te ayudará a conectar su nombre con su efecto Von Restoff.

Un beneficio extra es que al mostrar interés en las cosas más importantes para las otras personas, conseguirás que éstas te correspondan con gratitud, a la vez que te proporcionarán algunas de las conversaciones sociales más interesantes.

También puedes usar los principios de asociación y de Von Restoff para vincular el nombre de tu nuevo amigo y su aspecto de forma permanente en tu mente. Invoca la imagen más excéntrica, descabellada y destacada de tu conocido, vinculándola a algo de su aspecto general o nombre, cuanto más raro mejor. Tu cerebro «von restoffeará» la imagen y podrás recordar fácilmente quién es si vuelves a verle. Por ejemplo, si conociste a Daisy Hill, la imaginas sentada encima de una majestuosa colina rodeada de margaritas blancas.

Destaca en el grupo

Si quieres ser recordado en los encuentros sociales, en las reuniones de negocios, en las entrevistas de trabajo o si tienes que hacer algún tipo de presentación, ¡ya sabes cómo hacerlo! Toma el ejemplo de Mister Blue y vístete o preséntate, como nadie en el grupo. También puedes empezar a desarrollar intereses y aficiones únicas, que, por supuesto, te ayudarán a ampliar tu círculo de amistades y conocidos. Si brillas entre todos los demás serás recordado.

También hay otro aspecto en lo que se refiere a brillar entre los grupos de extraños, conseguir interesantes mezclas de personas.

El arte de unir a las personas

El secreto para organizar cualquier reunión con éxito es planificar, planificar y planificar. Los Mapas Mentales® (véase capítulo 3) son maravillosas herramientas para esto y tenemos un ejemplo de Mapa Mental® sobre el tema de planificar una fiesta en la sección de las ilustraciones en color.

Aprende a darte cuenta de cuándo los invitados se sentirán mal y cómo puedes hacer que se sientan relajados y cómodos en tu encuentro. Las cosas simples que hacen que las personas se sientan mal suelen pasarse por alto en los actos sociales. Esto incluye: tener frío, sed, hambre, necesitar ir al aseo, encontrarse mal, no saber lo que está pasando, no conocer a nadie y estar preocupado por algún problema personal. Sé consciente de estos temas, especialmente al principio del acto (¡el efecto primacía también se aplica aquí!).

Todos ellos, salvo el último, se pueden resolver fácilmente, pero primero has de ser consciente del problema. En estos casos has de anteponer tus habilidades de empatía y de leer el lenguaje corporal.

El anfitrión socialmente inteligente se asegura de que sus invitados se complementen entre ellos y sacará a los más callados de su refugio mediante astutas presentaciones, si la situación lo requiere, especialmente si la mayoría de las personas del acto ya se conocen entre ellas, y sólo hay una o dos que únicamente le conocen a él.

El ambiente también es muy importante en cualquier ocasión. Cuando haces de anfitrión u organizas acontecimientos sociales, procura que éstos atraigan a todos los sentidos. Procura que el entorno sea visualmente atractivo, que tenga sonidos y música apropiada para los invitados, que haya aromas y fragancias que encajen y creen los estados de ánimo que deseas, que haya alimentos que deleiten al paladar y texturas que atraigan al tacto.

Tus invitados podrán relajarse y pasárselo bien y tú habrás planificado y realizado ¡un memorable acto social!

Entrenamiento social

Cartografía mentalmente a tus amigos, compañeros y clientes

Las personas que tienen éxito social conocen bien a sus amigos, compañeros, clientes y conocidos. Siempre guardan un exhaustivo registro de las personas más importantes en sus vidas.

El Mapa Mental$^{®}$ es una herramienta ideal para hacer esto. Cuando conoces a una persona que crees que puede ser importante en tu vida, pon una pequeña imagen en el centro de una página que resuma su carácter, personalidad, vida o características físicas. Irradia algunas «ramas» desde esta imagen central, representando «encabezamientos principales» como: familia, ocupación, intereses, aspecto físico («características distintivas»), historia, características, etcétera. De cada una de esas ramas puedes ampliar los temas, lo que te dará una imagen completa y más amplia de esa persona.

Es una excelente herramienta de la memoria para recordar a los conocidos y socios de negocios que volverás a ver más adelante. Quedarán muy impresionados por tu detallado recuerdo de vuestro encuentro anterior.

¡Escucha!

Es fácil usar la habilidad de escuchar para causar una buena impresión en una reunión, especialmente si no tienes la suficiente seguridad como para deslumbrar a unos completos desconocidos con tu ingenio y conversación.

¿Recuerdas la historia de mi pérdida de voz en el capítulo 3?

Escuchar a los demás les hace sentirse importantes. Cuando haces que los demás se sientan importantes, les estás haciendo un Von Restoff y ¡a todos nos gusta ser un Von Restoff! Apreciarán tener una audiencia y, por supuesto, pensarán que eres una persona especial que les aprecia.

Haz que la gente se sienta cómoda

Sé consciente de esas cosas que pueden hacer que los demás se sientan incómodos, demasiado calor, demasiado frío, etcétera. Si les preguntas si están cómodos al principio de la reunión, les demostrarás que eres considerado y que te preocupas por ellos.

Si cuidas de las personas de esta manera, se te conocerá como una persona amable, compasiva y deseable como amiga y compañera.

Cartografía mentalmente los acontecimientos sociales

Cuando planifiques reuniones, celebraciones, bodas, cumpleaños y fiestas, cartografíalos.

Cerciórate de que en el Mapa Mental® tienes en cuenta todas las cosas grandes y pequeñas que son importantes para que el acto social sea un éxito. Un Mapa Mental® de este tipo te ofrece una «imagen general» del acto; te ayuda a que te sientas seguro y a saber que todo está bajo control, y es mucho más divertido que una lista tremendamente aburrida, que con frecuencia se nos escapa de las manos y que encierra dentro de sí la desagradable sensación de que se te queda algo en el tintero, ¡lo cual es bastante habitual!

Cartografiar mentalmente un acto social también te anima a ser más creativo en tu planificación. Esto hará que la fiesta sea más memorable y que asciendas rápidamente en la escala de la Inteligencia Social.

Pon a punto tus facultades de asociación

Practica asociar los rostros de las personas, los nombres, caracteres e intereses con tantas imágenes descabelladas como se te ocurran. Verás cómo tu memoria, creatividad y recuerdo se expanden a pasos agigantados. ¡Y eso también es divertido!

Potenciadores del cerebro social

- Estoy fomentando mis poderes de asociación.
- Soy un ejemplo cada vez más destacado del principio de Von Restoff.
- Soy cada vez más empático con los demás.
- Estoy desarrollando mis sentidos.

En el siguiente capítulo hablaré sobre cómo las actitudes afectan a nuestras relaciones sociales y cómo podemos cultivar una visión positiva de la vida.

La actitud del «actitambién»

Capítulo seis

«Tanto si piensas que puedes como que no puedes, siempre tendrás razón.»

Henry Ford

¿Puede la actitud personal tener un efecto significativo en el éxito social? «¡Por supuesto que no!», respondieron al unísono un coro de voces.

«¡Por supuesto que sí!», responden los grandes pensadores y un número cada vez mayor de estudios.

Para saber cómo puede afectar nuestra actitud personal para que algo sea un *completo* fracaso o un éxito *completo*, sigue leyendo.

La leyenda de los dos buscadores de la verdad

Ésta es una leyenda popular oriental. Dos discípulos que buscan la iluminación espiritual recorrían el mismo sendero espiritual, y casualmente, también físico.

El primer discípulo pernoctó en una aldea y al día siguiente partió para realizar una larga caminata hasta llegar a la siguiente aldea, que estaba a más de 48 kilómetros de distancia.

De camino conoció a un anciano sabio y le asedió con preguntas sobre el sentido de la vida, del universo y de todas las cosas. El sabio respondió paciente y cuidadosamente a las preguntas que le planteaba el joven.

Al final de su interrogatorio, el joven le dio las gracias al anciano y le preguntó si iba en la dirección correcta para la siguiente aldea, si conocía a algunas personas allí y si era así cómo eran.

El *guru* le confirmó que iba en la dirección correcta y antes de responderle a la segunda pregunta, le preguntó cómo eran las personas de la aldea que acababa de visitar. El discípulo le dijo que eran extraordinarias. Aunque pobres, cuando llegó a la aldea le habían recibido muy bien y eran muy abiertas, le habían ofrecido pasar la noche gratis en sus hogares y le habían alimentado generosamente, sin pedirle nada a cambio, quitándose ellos comida de sus miserables platos para que comiera él.

«Tengo buenas noticias para ti», le dijo el *guru*. «La gente de la aldea a la que te diriges es igual. ¡Disfruta del viaje y de ella!»

Curiosamente el segundo discípulo, pernoctó el día siguiente en la misma aldea que el primero. A la mañana siguiente partió para seguir el mismo camino.

A mitad de camino entre una aldea y otra, encontró al mismo *guru*, y también le asedió con las mismas preguntas. Al final de su interrogatorio también le preguntó si estaba en el buen camino para la siguiente aldea y qué podía esperar de sus gentes.

El *guru* le confirmó que estaba en el camino correcto, y tal como había hecho el día anterior con el otro discípulo, le preguntó al joven cómo era la gente de la aldea que acababa de visitar.

«Me quedé sorprendido», dijo el joven. «Eran el poblado más hosco y antipático que se pudiera encontrar. Aunque estaba cansado y hambriento, apenas me ayudaron y no dieron muestras de hospitalidad. Cuando en un lugar insistí en quedarme, me dijeron que no tenían sitio, y tuve que dormir en un campo cercano. Groseramente me dijeron que apenas tenían comida para ellos, mucho menos para darme a mí. Les encontré salvajes y pestilentes. Espero no volver a verles nunca.»

«Por desgracia, joven», dijo el *guru*, «tengo malas noticias para ti, porque la gente de la siguiente aldea es tan mala como la que acabas de dejar. Procura disfrutar de tu viaje y aprender todas las lecciones que puedas.»

La actitud del «actitambién» 87

¿Qué tipo de discípulo eres tú...? ¿En qué tipo de discípulo te estás convirtiendo?

Una visión positiva obra maravillas para tu éxito social y las personas socialmente inteligentes se aseguran de ver siempre «el lado bueno de la vida».

«La mayoría de las personas son tan felices como se lo proponen mentalmente.»

Abraham Lincoln

Actitambién negativa

Imitar y la presión del grupo de amigos

Una de las grandes habilidades con las que está dotado tu cerebro es la de imitar: la mímica. Esta fantástica habilidad, casi infinita en sus aplicaciones, es una de las mejores maneras de aprender cualquier cosa. De hecho, la mímica es el principio fundamental de la naturaleza (así es como las crías aprenden a sobrevivir) y esta imprescindible necesidad de copiar explica una inmensa cantidad de actitudes y conductas sociales.

Los jóvenes que están locos por el deporte intentan imitar a sus héroes; los adolescentes emulan a sus ídolos del pop; y todos los grandes campeones del atletismo y de los deportes dicen que a ellos les inspiraron otros grandes campeones, cuyos pasos querían seguir.

¿Por qué? ¿Qué pasa con estos héroes y heroínas que atraen a los demás?

Son sus cualidades y éxitos los que hacen que los jóvenes (¡y los no tan jóvenes!) quieran imitarles o copiarles, a fin de tener el mismo éxito. La lista de cosas útiles a copiar y que desean ser incluye:

- Energía
- Riqueza
- Fama
- Poder
- Ser deseables sexualmente
- Viajar por el mundo
- Realización personal
- Independencia
- Libertad
- Poder social
- Liderazgo

La importancia de establecer un buen ejemplo queda maravillosamente ilustrada en el estudio que viene a continuación, sobre la conducta de los niños pequeños que van en coche con sus padres.

Mimos en el asiento trasero

Si eres un conductor bueno y cuidadoso tus hijos probablemente también lo serán. A la inversa, si eres una amenaza al volante, entonces ¡ellos probablemente también lo serán!

En Carolina del Norte, Susan Ferguson, del Insurance Institute for Highway Safety [Instituto de Seguros para la Seguridad en la Autopista] y sus colaboradores revisaron las cifras de acci-

---

dentes de 140.000 familias. Compararon los informes de los padres y de los hijos cuando éstos alcanzaron las edades de dieciocho y veintiún años.

Los resultados revelaron que los hijos de padres que habían tenido al menos tres accidentes de coche en los cinco últimos años tenían un 22 por ciento más de probabilidades de haber tenido un accidente que los hijos de padres que no habían tenido ningún accidente en ese mismo período.

Los resultados también revelaron más «conducta mímica»: las infracciones de tráfico como el exceso de velocidad y saltarse los semáforos en rojo también estaban correlacionadas. Si los padres habían cometido tres o más infracciones, los hijos tenían un 38 por ciento más de probabilidades de haber cometido infracciones de tráfico. Estos resultados fueron corroborados por Jane Eason, la portavoz de la Royal Society for the Prevention of Accidents [Real Sociedad para la Prevención de los Accidentes de Tráfico] del Reino Unido: «Si los padres dan un mal ejemplo, es lógico que los hijos también lo sigan».

Puesto que por naturaleza tendemos a copiar las «mejores conductas», cuanto más bueno sea el ejemplo, más lo seguirán otras personas. Por supuesto, el principio del cerebro de imitar tiene su parte negativa: copiar conductas, actitudes y creencias a fin de «encajar» y «sentirse obligado a actuar de cierta manera».

El poder de la presión ejercida por el grupo de amigos se ve claramente en la siguiente historia de un estudio en el que yo mismo participé.

Un experimento social fascinante

Se me pidió que participara en un experimento sobre la conducta humana, para demostrar el increíble y desconocido poder que cada uno de nosotros tiene sobre las demás personas. El experimento fue diseñado originalmente por un perspicaz investigador de la interacción social llamado profesor Asche. Se realizó del siguiente modo:

Imagina una habitación pequeña y prácticamente vacía. Delante hay una mesa de despacho y frente a la misma una hilera con tres sillas. Toda la distribución es como un mini teatro. No hay nada más en la habitación. El experimento se realizaba con cinco personas: dos «psicólogos» con batas blancas de científico «oficiales» y tres observadores.

En el experimento uno de los «psicólogos» se levanta y presenta «tests visuales» a los observadores, mientras que el otro «psicólogo» registra los resultados y describe el experimento a los observadores. Mi función era la de anotar los resultados, y también describir el experimento a los observadores. Esto es lo que les tuve que decir a los tres estudiantes:

«Os vamos a enseñar una serie de cartas. Cada carta tendrá tres barras negras verticales. Cada barra estará etiquetada como "A", "B" o "C" en la parte superior. Vuestra tarea es decir, en orden, la letra de la barra más alta, mediana y corta. El orden de las barras de cada carta variará cada vez. La persona de la izquierda siempre hablará primero, la persona que esté en el medio, en segundo lugar y la persona que esté a la derecha, hablará al final.»

I I I

A B C

Sin embargo, ¡había una trampa! El observador de la derecha desconocía que los otros dos observadores del experimento ¡estaban conchabados con nosotros! Las cartas habían sido especialmente organizadas y los dos observadores falsos habían ensayado dar respuestas incorrectas mientras representaban espectacularmente sus «procesos de pensamiento».

Ante las dos primeras cartas presentadas, tanto el observador «uno» como el «dos» dieron respuestas correctas. Para la tercera carta el «uno», dio una mezcla de respuestas correctas e incorrectas, fingió ansiedad pero al final afirmó que la mediana era la más alta, la más alta la mediana y la más corta la corta. El número «dos» murmuró y exclamó cuando se le dio la entrada, se reclinó hacia atrás y hacia delante en su silla, expresó su indecisión y al final decidió «sí, sí estoy de acuerdo...» y dio las mismas respuestas que el primero.

Puedes imaginar el estado mental del pobre «número tres» y cómo reaccionarías tú en esa situación.

El procedimiento se repitió con un total de 17 cartas. El primero iba dando cada vez más respuestas equivocadas y el segundo, siempre agonizaba antes de darle la razón cuando se equivocaba. En las raras ocasiones que el número «uno» respondía correcta e inmediatamente, el número «dos» respondía con la misma convicción y velocidad.

Repetimos este mismo experimento con 20 «números tres» diferentes, grabando cuidadosamente todas sus respuestas. ¿Cuáles crees que fueron?

¿Crees que todos estuvieron en desacuerdo con el «uno» y el «dos»? ¿Crees que alguno de ellos lo hizo? ¿Crees que no lo hizo ninguno?

Los resultados fueron sorprendentes, me dejaron anonadado y por primera vez en mi vida me hicieron darme cuenta de lo poderosa que es en verdad nuestra influencia social mutua.

¡Casi el 60 por ciento de los «número tres» estuvieron totalmente de acuerdo con lo que los engañosos «uno» y «dos» habían dicho! Cuando a los números «tres» se les volvió a hacer la prueba por separado, su puntuación fue cien por cien exacta. Cuando se les confrontó con los resultados de sus tests y se les pidió que explicaran las diferencias, respondieron que habían visto físicamente las relaciones correctas. Las habían visto, sin embargo, estaban tan persuadidos por las respuestas de los número «uno» y «dos» que sentían que debían de estar equivocados en lo que estaban viendo y optaron por «seguir la corriente».

Sorprendentemente, un pequeño porcentaje de este «grupo conformista», al ser confrontados con sus dos resultados totalmente distintos de los mismos tests, dijeron que ¡lo habían «dicho tal como lo veían»! Esto sugiere que el poder de la interacción social es tan grande que puede llegar a distorsionar por completo nuestras percepciones.

Incluso esos inquebrantables individualistas que se aferraron a sus verdaderas percepciones frente al poder persuasivo del «uno» y del «dos», pasaron sus agonías o emociones violentas. Uno de ellos empezó a mirar interrogativamente a los demás y en los últimos tests se sacó su peine y comenzó a medir las barras como un pintor toma medidas para pintar su cuadro.

Otro, cuando el número «uno» afirmó rotundamente que el más largo era el más corto en una de las cartas, estalló enfurecido con éste, exclamando: «¿Qué te pasa, eres idiota, que no lo ves?»

El experimento de Asche, que se repitió miles de veces con resultados similares, destaca el hecho de que incluso las interacciones sociales básicas tienen el poder de desatar en nosotros fuertes emociones, hasta conseguir que dudemos de nuestras propias verdades e incluso cambiar el modo que tenemos de mirar las cosas, por no mencionar que demuestra lo presos que estamos de la conformidad social.

Estereotipar los estereotipos

Un fenómeno que surge de nuestro deseo natural de ser aceptados y de conformarnos, es el de la generalización o estereotipar a los demás: *las chicas no son muy buenas en ciencias; los chicos son agresivos; los asiáticos son buenos trabajadores; los ancianos siempre se están quejando; los mediterráneos son perezosos*; y así sucesivamente.

Los estereotipos y los prejuicios surgen porque por naturaleza (y desgraciadamente, a menudo por educación), solemos sentirnos más relajados y cómodos entre las personas que se parecen a nosotros, en aspecto, actitudes y en la visión de la vida. En general, nos da miedo lo desconocido y lo que no nos es familiar.

Pero estereotipar rompe una de las «leyes» fundamentales de la Inteligencia Social, tratar a todas las personas como individuos únicos, que merecen respeto.

¡Luchar! ¡Luchar! ¡Perspicacia!

Los estereotipos están provocados por la ignorancia. Como seres humanos, nuestra primera respuesta a lo desconocido es el miedo y la inquietud, que luego pasan a desencadenar nuestra respuesta primaria de «lucha o huida». Lo que en realidad está haciendo nuestro cerebro es darnos una «primera impresión», en términos generales y exactos, de una persona nueva. Según las asociaciones que hagamos con ese tipo general, optarás por la respuesta de «lucha o huida».

Esta respuesta de «lucha o huida» es la que damos a cualquier cosa que es diferente en nuestro entorno, desde personas de diferentes razas hasta mujeres que entran en clubes sociales y terrenos normalmente frecuentados por hombres.

El error que solemos hacer es tomar la observación y respuesta natural de nuestro cerebro y añadir actitudes y suposiciones incorrectas, que inmediatamente nos vuelven agresivos o temerosos.

Ahora que ya has evolucionado mucho más en tu Inteligencia Social, puedes pasar a la siguiente etapa de esta ecuación natural: la respuesta de «*¡Lucha! ¡Lucha! ¡Perspicacia!*»

La próxima vez que algo extraño desencadene tu respuesta instintiva de «lucha o huida», añade conscientemente, la respuesta socialmente inteligente y superior de la *perspicacia.* Esto significa: hacer una pausa y dejar que tus ojos y cerebro recopilen tanta información sobre la persona como puedas en el tiempo del que dispones. En otras palabras, calma tus sentimientos iniciales de agresividad o miedo e investiga con una mente abierta e Inteligencia Social a la persona que tienes delante.

Esto te dará *perspicacia*; te permitirá dar respuestas mucho más apropiadas a la persona que estás conociendo y aumentará rápida-

---

mente la probabilidad de una interacción social mutuamente satisfactoria.

Los estereotipos son como monstruos que acechan a nuestro cerebro e incluso algo tan «sencillo» como el nombre de una persona puede influir inconscientemente en nuestras percepciones de esa persona.

Luke Birmingham, un psiquiatra forense de la Universidad de Southampton, con un elegante y pequeño experimento demostró cómo puede afectar tu nombre en la manera que te juzga la gente...

Birmingham pidió a 464 psiquiatras británicos que dieran un diagnóstico basándose en una «descripción que ocupaba una página» de un joven de veinticuatro años que había asaltado a un conductor de un tren.

Cuando se pidió a los psiquiatras que evaluaran a «Matthew», más de las tres cuartas partes le evaluaron comprensivamente sugiriendo que el pobre hombre necesitaba ayuda médica y que probablemente padecía esquizofrenia.

Cuando se presentó al mismo joven como «Wayne», los psiquiatras le evaluaron con mucha más dureza. ¡«Wayne» tenía dos veces más posibilidades de que le diagnosticaran que se hacía pasar por enfermo, que tomaba drogas y que padecía un trastorno de la personalidad que «Matthew»!

Lo más alarmante es que los estudios muestran que los estereotipos sociales negativos pueden afectar al modo en que nos juzgamos a nosotros mismos y nuestras habilidades.

Caso de estudio: Me han dicho que no puedo; creo que no puedo

Paul Davis de la Universidad de Waterloo en Ontario, empezó a examinar el impacto de la publicidad cargada de estereotipos sobre las mujeres jóvenes que estudiaban matemáticas en la Universidad. Las había seleccionado porque todas ellas se consideraban buenas en esa materia y la consideraban importante para ellas.

Para su sorpresa, Davis descubrió que algo tan simple como ver dos anuncios publicitarios sexistas que echaban por tierra la habilidad del cerebro femenino, reducía significativamente la capacidad de las jóvenes para resolver problemas matemáticos difíciles justo después de haberlos visto.

En la segunda parte del experimento, Davis mostró los anuncios a jóvenes que todavía no se habían graduado antes de tomar sus decisiones sobre qué asignaturas estudiar en la Universidad. Las que vieron el estereotipo negativo cambiaron significativamente de asignaturas diciendo que preferían especializarse en algo que no tuviera que ver con las matemáticas y las ciencias.

Estos mismos anuncios también hicieron que estas jóvenes evitaran asumir el papel de líder en una tarea por parejas.

Hay claras pruebas que sugieren que cuando «menosprecias a una persona» de esta manera, no sólo restringes sus elecciones mentales y su libertad, sino que influyes en su vida y en su futuro de un modo negativo y empobrecedor. ¡Ésta no es una forma recomendable para aumentar la Inteligencia Social propia, de las otras personas o del planeta en general!

Además de este efecto social negativo, estas afirmaciones degradantes también tienen un efecto sobre el sistema inmunológico de las otras personas, haciendo que, en general, bajen sus defensas contra las enfermedades asociadas al estrés y otro tipo de trastornos.

En un experimento, personas mayores fueron sometidas a diez minutos de palabras estereotipadas-provocadoras relacionadas con la edad: a un grupo se le expuso a palabras positivas y al otro a negativas. Entonces se les dieron una serie de problemas matemáticos para resolver.

Los que estuvieron expuestos a las palabras negativas se estresaron al ver los problemas. Su ritmo cardíaco, presión sanguínea y conductividad dérmica aumentaron de forma significativa y permanecieron a un nivel desproporcionadamente alto durante más de treinta minutos.

Por el contrario, los que estuvieron expuestos a palabras positivas se lanzaron a afrontar el reto sin signo alguno de estrés.

Además, estereotipar negativamente a *cualquier* grupo, aunque sea a uno al que no perteneces, también te afecta a ti personalmente de manera negativa.

John Bargh, un psicólogo social de la Universidad del Estado de Nueva York, se puso a investigar si los estereotipos negativos sobre la edad influirían de alguna manera en los estudiantes universitarios. Un grupo de estudiantes tenía que descodificar frases diseminadas con palabras neutrales respecto a la edad. El segundo grupo tenía que realizar la misma tarea, salvo que las frases diseminadas con palabras relacionadas con la edad eran especialmente negativas.

¿Cuál fue el sorprendente resultado? Los estudiantes que habían trabajado con las palabras negativas recordaban mucho

menos sobre el experimento que los que habían trabajado con las palabras neutras. Quizá lo más significativo fue que los estudiantes que habían trabajado con las palabras negativas «se hicieron mayores de repente». Aunque ellos no lo sabían, su conducta cuando abandonaron la sala fue registrada. Se movían mucho más despacio mientras se alejaban y aunque se encontraban en la primera juventud, su aspecto físico y movimientos eran mucho más próximos a las descripciones de las palabras negativas sobre las personas mayores que los del grupo que había trabajado con las palabras neutrales.

Actitambién positivas

De estos experimentos citados arriba, John Bargh concluyó que las imágenes almacenadas en nuestras mentes tienen un poder extraordinario en nuestras conductas. *Pero esas imágenes no tienen por qué ser negativas: también pueden ser positivas.* Y las imágenes positivas pueden ser igualmente poderosas, si no más, que las negativas, tal como muestra nuestra siguiente historia.

Brad Humphrey y los adolescentes sin esperanza

Brad Humphrey, un maestro y trabajador social de San Diego, centró su trabajo sobre adolescentes del gueto olvidados por todo el mundo: niños de la calle, traficantes de drogas, los que estaban internados en psiquiátricos o en la cárcel. La media de esperanza de vida era de tan sólo veinte años.

La meta de Brad era transformar las actitudes terriblemente negativas que los adolescentes tenían sobre ellos mismos y rehacer por completo su autoimagen. Lo hizo proporcionándoles un entrenamiento mental y físico. Al principio, por ejemplo, probó sus memorias y descubrió que en general eran malas. Se centró en el peor de la clase, una joven, la separó del resto y mandó a los demás a correr durante media hora.

Mientras los otros corrían Brad entrenó rápidamente a la chica con técnicas de memoria, le enseñó cómo podía recordar fácilmente una lista de veinte objetos sin equivocarse. Cuando los otros regresaron, dijo a los demás que le propusieran a su compañera veinte objetos al azar para que los memorizara. A regañadientes lo hicieron, conscientes de que ella tenía una memoria terrible y suponiendo que lo confundiría todo. Puedes imaginar la sorpresa (¡y su cambio de actitud!) cuando ella cantó los veinte objetos a la perfección, hacia delante y hacia atrás.

La experiencia cambió la actitud de los demás respecto a ella y muy especialmente *la actitud de la joven respecto a ella misma y a sus propias habilidades*.

Durante dos sólidos años Brad enseñó al grupo técnicas de refuerzo físicas y mentales. Al final de ese período de dos años, los adolescentes habían pasado de no tener esperanza, ser vagabundos autodestructivos a ser adultos en forma y seguros de sí mismos, dispuestos a transformar las actitudes negativas, depresivas y peligrosas de otros adolescentes.

El momento cumbre de esos dos años llegó cuando Brad presentó a los adolescentes a una audiencia de 500 personas que eran educadores experimentados, profesores universitarios, jefes de estudios y escritores en la conferencia sobre educación de Bellingham, Washington. Los 17 adolescentes, todos ellos irradiando estar en forma y seguros de sí, procedieron a retar a la audiencia a todo tipo de combate mental, incluidos juegos de memoria, pensamiento creativo y otros deportes mentales.

¡Los adolescentes arrasaron a los educadores!

El trabajo de Brad Humphrey confirmó, más allá de toda duda razonable, que con los cuidados y amor correctos, las actitudes pueden cambiar y que cuando éstas cambian, cambia la vida.

Confianza en uno mismo: lo que todos deberíamos saber

Brad tuvo éxito porque creía en los jóvenes y estaba convencido de que podía despertar de nuevo su confianza en sí mismos y su convicción.

La confianza en uno mismo es la clave de la Inteligencia Social y del éxito. Si confías en ti mismo y en tus puntos fuertes y habilidades, te resultará mucho más fácil relajarte y «ser tú mismo» en cualquier situación social. Esto, a su vez, ayudará a los demás a relajarse y a disfrutar de tu compañía.

Este principio es probablemente uno de los más importantes que hemos de infundir a nuestros hijos. Un niño que tenga confianza en sí mismo, que esté seguro de su propia valía, no tendrá que ir por ahí «probando» nada a los demás niños en el patio de recreo, literalmente, defendiéndose.

Los niños que confían en sí mismos (como los adolescentes de Brad) se respetarán a ellos mismos, estarán motivados y tendrán determinación para salir a la calle y conseguir sus metas personales en la vida. También tendrán una «visión de la vida» (capítulo 4).

Por desgracia, los niños inseguros y que no se sienten protegidos suelen menospreciar a otros niños para demostrar lo «grandes» e «importantes» que son, ya sea ante nuestros ojos como ante los ojos de su «banda».

Del mismo modo, los adultos inseguros y que no se sienten a salvo intentan demostrar su valía, por ejemplo, dominando a sus compañeros de trabajo o siendo jefes bravucones e irracionales. Encontrarse en el bando que paga las consecuencias de dicha conducta, a menudo socavará el sentido de autoestima y de valía de la víctima, justamente lo que se pretende.

Ésta es la razón por la que es tan vital que demos a nuestros hijos (¡y a nosotros mismos!) la habilidad socialmente inteligente de la confianza positiva en nosotros mismos.

Los pensamientos negativos producen actitudes negativas, los pensamientos positivos producen actitudes positivas. Y cuanto más se repitan estos pensamientos, más fuertes se volverán esas actitudes.

Los prejuicios a primer plano

Alan Hart, un psicólogo social del Amherst College de Massachusetts, utilizó la resonancia magnética para seguir la pista de los prejuicios firmemente arraigados. Mostró a las personas imágenes de rostros de gente blanca y negra y observó la reacción de la *amígdala*: una parte del cerebro que se cree que actúa como un foco, centrando nuestra atención sobre acontecimientos que nos dan miedo o que conllevan una gran carga emocional.

> **Los rostros de distintos colores de piel que se presentaban a las personas desencadenaban coherentemente más actividad en la *amígdala*.**

Ésta es la razón por la que repetir afirmaciones o dichos positivos tiene tanta fuerza cuando se trata de cambiar nuestra conducta.

Los estudios sobre el cerebro confirman que una vez tienes el pensamiento, sea positivo o negativo, aumenta la probabilidad de que se repita. La repetición de cualquier pensamiento aumenta la repetición del mismo. Si queremos ser más felices, tener más éxito, vivir con más confianza, hemos de asegurarnos cada vez más que nuestros pensamientos se dirigen positivamente hacia los demás. Esto aumentará la probabilidad de que nos vean de una manera positiva y el ciclo positivo de tener relaciones sociales más productivas y felices ya habrá comenzado.

«No hay nada ni bueno ni malo, es el pensamiento el que lo hace así.»

Shakespeare

Ahora que ya tienes una idea más clara de la forma en que la actitud hacia el sexo, la edad, la raza, y de hecho, cualquier otra característica de cualquier otro individuo puede afectar positiva o negativamente tanto a ti como a los demás, estás preparado para un entrenamiento que acentuará lo positivo. Esto beneficiará a los demás, a ti y especialmente a tu Inteligencia Social.

La actitud del «actitambién» 103

Auditoría de prejuicios

Hazte una auditoría personal de tus posibles prejuicios. Haz un mini mapa Mental® (véase capítulo 3) sobre tus pensamientos tradicionales respecto a las principales características de los siguientes grupos:

- Hombres
- Mujeres
- Niños
- Ancianos
- Académicos
- Deportistas
- Políticos
- Diferentes grupos raciales

Revisa tus respuestas para ver si encuentras cualquier estereotipo negativo e investiga las razones por las que han surgido estas ideas negativas. Compáralas con cualquier pensamiento positivo que hayas tenido y mira si puedes vislumbrar algún patrón entre los dos. Por ejemplo, si conoces muchos miembros de un grupo en particular (futbolistas, por ejemplo), probablemente, tendrás menos ideas negativas respecto a ellos que con un grupo con el que te relaciones menos (políticos, por ejemplo), puesto que no conoces tan bien a ese grupo. Esta exploración debería resultarte entretenida, revitalizante e iluminadora.

Piensa en estos temas, y si es necesario, abre tu mente a experiencias más amplias. Esto reforzará el poder de tu Inteligencia Social y también ampliará tu esfera social.

Observa tus conversaciones

Cuando estás con tu familia, compañeros y amigos, observa el modo en que consciente o inconscientemente les apoyas o criticas.

Sabiendo como sabes ahora que las expectativas o críticas negativas propician que se sientan peor y que las expectativas y palabras de apoyo contribuyen significativamente a su éxito, adapta tus conversaciones sociales para conseguir un estilo más positivo y de apoyo.

Observa tus conversaciones internas

Lo mismo se puede aplicar a las conversaciones que entablas contigo mismo.

Alábate, apoya tus esfuerzos y celebra tus propios logros, especialmente cuando sean pequeños logros personales que las demás personas no puedan percibir.

Potenciadores del cerebro social

- Cada vez desarrollo más mi respuesta «¡Lucha! ¡Lucha! Percepción».
- Las personas de otras nacionalidades, con diferentes costumbres y de diferentes razas, me fascinan cada vez más.
- Mi confianza en mí mismo va en aumento.
- Mis actitudes son cada vez más positivas.

En el siguiente capítulo descubrirás cómo tanto tus actitudes positivas como tus prejuicios serán un gran don para negociar con éxito.

Negociaciones:
Cómo ganar amigos e influir en las personas

Capítulo siete

«Si alguien no está de acuerdo conmigo, ¿he de hacerle cambiar de opinión? ¡No! Si alguien no está de acuerdo conmigo, mi deber es dejar que así sea.»

Andrew Matthews

La meta natural de todo ser humano es hacer amigos, influir en las personas, ser popular, salir con éxito de las negociaciones y manejar las relaciones sociales de manera que produzcan los resultados deseados.

La negociación es una habilidad sorprendente de la Inteligencia Social que hemos de perfeccionar. La mayoría de las personas asociarán la palabra «negociación» con negocios y el mundo laboral, pero ésta es igualmente importante en nuestra vida doméstica cotidiana.

La meta de cualquier negociación es conseguir un acuerdo entre todas las partes implicadas, de modo que todos estén contentos con los resultados. Esto vale tanto para los temas conflictivos entre padres y adolescentes, como la hora a la que han de regresar los hijos de una

---

fiesta, como para las negociaciones sobre el sueldo y las condiciones laborales entre los sindicatos y las empresas. La Inteligencia Social requerida es la misma.

En primer lugar, una increíble historia de negociación y cooperación del mundo animal.

Una sorprendente historia del mundo animal

Un equipo de rodaje canadiense filmó algo totalmente insólito hasta el momento: un año en la vida de una manada de lobos. Los seguían con helicópteros para poder hacer tomas aéreas sobre las migraciones anuales de los lobos con su principal fuente de alimento, el reno.

La primera gran sorpresa respecto a la conducta social animal llegó cuando el equipo observó la relación entre el reno y la manada de lobos.

Todo el mundo suponía que, en su migración, la manada de renos se limitaba a sí misma, y que la de los lobos la seguía a distancia. Una vez más se suponía que la manada de lobos hacía regularmente «ataques por sorpresa» a los renos, embistiendo «cobardemente» sólo a los más frágiles y débiles.

Sin embargo, la verdad fue sorprendente: ¡la manada de renos y la de lobos viajaban juntas! ¡No sólo viajaban juntas sino que eran *amigas*! Durante días corrían juntas, jugaban juntas y descansaban juntas.

Sólo cuando los lobos tenían hambre cambiaba la relación e incluso eso era un acuerdo comprendido por ambas partes. El jefe de la manada de lobos, una enorme «loba», de pronto se «congelaba», señalando a sus principales cazadores que la caza había comenzado. Los renos se agrupaban con calma, formando un grupo más compacto y esperaban la señal de «¡ya!» de los lobos. Tan pronto como se daba ésta, todo se producía en un patrón acordado socialmente. Los lobos escogían sólo a un reno como objetivo. Éste era a veces uno débil, aunque también podía ser un miembro más normal de la manada.

La caza duraba un máximo de diez minutos y la mayoría de las veces ganaban los lobos. Una vez se había seleccionado el blanco, el resto de la manada de renos se relajaba y seguía su vida como de costumbre.

Los lobos no siempre tenían éxito. Aproximadamente una de cada cinco veces, el fuerte y resistente reno escapaba y regresaba a la manada. ¿Seguían los lobos cazando o escogían a otro reno menos resistente? ¡No! Aceptaban el «resultado» y seguían avanzando hambrientos durante uno o dos días. Hasta que los lobos estaban listos para volver a comer, las manadas vivían de nuevo juntas compartiendo viaje, los lobos protegían a la manada de renos de otros depredadores y ésta proporcionaba sustento a los lobos.

Todo esto fue sorprendente, pero ¡lo más inaudito está aún por llegar! Un día el helicóptero del equipo de filmación relató que la manada de lobos se dirigía hacia el cadáver de un alce gigante. Lo que entusiasmó especialmente al piloto es que había otras dos bestias que también habían olido el cadáver y que se dirigían simultáneamente hacia el mismo desde otras direcciones. La primera era un oso pardo gigante, la segunda un glotón. El glotón es un animal que es una especie de mezcla entre un tejón y un mapache. Aunque es relativamente pequeño, se le conoce por ser uno de los mejores luchadores del mundo. Con sus garras y dientes puede romper fácilmente la cabaña de montaña más recia y con un solo mordisco puede partir en dos una lata de comida envasada.

La loba ya se había separado de la manada para investigar el tentador olor y el piloto del helicóptero se estaba anticipando con entusiasmo ial mayor combate de boxeo animal jamás filmado!

¿Qué crees que pasó?

Lo que mostró el documental fue algo totalmente extraordinario e impredecible. Los tres luchadores letales llegaron al claro casi al mismo tiempo, cada uno de ellos habiéndose percatado de la presencia de los otros dos. Pero, en vez de marcar territorio agresivamente y lanzarse inmediatamente a una lucha de «a por todas», cada uno supervisó con calma a los otros dos y se sentó en la nieve. Esperaron y observaron...

La loba, al estilo de un gato intentando cazar un pájaro, movió suavemente una pata hacia delante, se detuvo, observó a los otros dos animales y tras recibir la señal por parte de los demás que hasta el momento todo estaba bien, dio otro paso. Repitió este proceso, con una lentitud exasperante, hasta que llegó a la carcasa.

Allí, todavía vigilando a los demás para ver que todo seguía en orden, ella, con una suavidad increíble y con un propósito evidentemente estudiado de no hacer movimientos rápidos, dio un gran mordisco a la carcasa, y con la misma precaución y los mismos movimientos de gato con los que se había acercado, regresó a su posición original.

Tan pronto como se hubo retirado a su posición inicial, el oso *ihizo exactamente lo mismo! iY luego lo hizo el glotón!*

Los tres animales repitieron el mismo procedimiento cada vez y cada uno de ellos tomó sólo la parte que le «correspondía».

¡Fue un ballet social de invierno a cámara lenta perfecto!

¿Y por qué los tres mejores, fuertes y feroces luchadores del mundo animal habían renunciado al festín de la lucha y a hacerse con el título de «el mejor luchador de todos los tiempos»? Porque, a diferencia de aquellos que estaban esperando que iniciaran semejante combate, ¡eran más inteligentes socialmente! Cada uno de ellos, mediante la experiencia y una exquisita habilidad para leer el lenguaje corporal, era consciente tanto de las necesidades como de la fuerza de los otros. Todos sabían que tenían la fuerza y la destreza para ganar el combate. Todos sabían también que en semejante combate, aunque ganaran, había casi un cien por cien de posibilidades de padecer alguna herida grave que supondría una amenaza inmediata o a largo plazo para su supervivencia.

De modo que todos tomaron la decisión más inteligente: tener en cuenta las necesidades de los demás, compartir un recurso que les alimentó a los tres, que les sirvió para conservar su energía y mantenerse intactos en lugar de arriesgarse a sufrir serias heridas.

Cuando cada uno de ellos quedó satisfecho, casi se podía sentir que se hacían «un gesto de afirmación con la cabeza y un guiño», tras lo cual todos se dieron la vuelta con calma y regresaron a los senderos salvajes de donde habían venido.

El piloto del helicóptero, al haber visto algo mucho más grande de lo que imaginaba, quedó reducido a un silencio de admiración.

Soluciones de «ganar-ganar»

En su comunicación negociadora, los animales de la historia ante todo optaron por la solución de «ganar-ganar», en la que todos quedaron satisfechos con el resultado.

La verdadera negociación tiene lugar cuando cada bando respeta al otro, respeta su punto de vista y entra en la discusión de una forma positiva. Si estás convencido de que sólo tu solución en particular es la correcta —que si es necesario, se ha de imponer al otro bando—, no es negociación, sino dictadura.

Si tienes suficiente poder o influencia en esa ocasión podrás imponer tu solución, pero puedes estar seguro de que la otra parte no estará satisfecha con ella y posiblemente hará todo lo que pueda para frustrar tus planes en el futuro. ¡Guardar resentimiento no es algo inteligentemente social!

«La senda de la armonía» frente al camino del mundo

La diferencia entre una negociación socialmente inteligente y la visión (desgraciadamente) demasiado común de muchas personas para resolver los desacuerdos y conflictos, queda claramente reflejada en las diferencias entre las artes marciales del karate y del aikido.

En el karate, si alguien te da un puñetazo, intentas bloquearle con tu puño, con la esperanza de lesionar la muñeca de tu oponente en el proceso y desviando su brazo de su objetivo. Mientras tu oponente vira hacia afuera, sus costillas quedan al descubierto, tu meta es golpear la caja torácica. Sin embargo, tu oponente, mientras está siendo desequilibrado también está entrenado para atacar tus zonas desprotegidas del abdomen, ingle o piernas. Tu tarea, por supuesto, es bloquear dicho ataque con tu codo y golpear su cuerpo cuando cae.

Y así el proceso continúa hasta que uno de los dos queda hecho una piltrafa sangrante en el suelo y el otro sale victorioso (¡y probablemente también herido!) (¿Te recuerda esto al oso, a la loba, al glotón y al piloto del helicóptero?)

El fundador del aikido («la senda de la armonía»), Morihei Ueshiba, había sido uno de los mejores karatecas de Japón. Observó que con el paso de los años, a pesar de sus numerosas victorias, cada vez estaba más lesionado. Al final llegó a la conclusión de que ¡ésa no era la forma en la que quería pasar el resto de su vida! De modo que tomó la determinación de hallar una forma de arte físico más profunda, armoniosa y social y espiritualmente más coherente.

En ese proceso creó el aikido: si alguien intenta golpearte en la cara, no tienes por qué bloquear el puñetazo. Es mucho más eficaz y armonioso apartarse ligeramente (¡eso es lo que has de hacer!) hacia un lado para dejar que el golpe pase sin que nadie se haga daño y para ayudar a dirigirlo en su camino bajo tu guía firme y usando tu equilibrio.

Aikido significa «senda de la armonía», se basa en leer la mente y el lenguaje corporal de la otra persona y utilizar su energía a tu favor, incluso aunque te esté atacando. El aikido te permite mantener tu propia postura, relacionarte con los demás y «avanzar fluyendo» simultáneamente.

Cada vez que alguien intenta golpearte de alguna manera, simplemente te apartas un poco hacia el lado, avanzas hacia el centro de tu oponente y «ves el mundo» desde su perspectiva. Si estás equilibrado y tu oponente no, la probabilidad de que alguno de los dos se lesione es mínima, especialmente si eres de carácter pacífico.

Hay una maravillosa historia que engloba todos estos puntos que la explican los autores de *Body Learning* (Michael Gelb) y *La inteligencia emocional* (Dan Goleman). Es sobre el fallecido Terry Dobson, que en los años cincuenta fue uno de los primeros occidentales que estudió esta soberbia arte marcial en Japón.

La historia de Terry

Una tarde me dirigía a casa en un tren suburbano de Tokyo cuando entró en el vagón un enorme y belicoso trabajador ebrio. El hombre empezó a aterrorizar a los pasajeros: gritaba amenazas, se abalanzó sobre una mujer que llevaba un bebé y la lanzó contra una pareja de ancianos, que al momento dieron un brinco y se unieron a una estampida que se dirigía hacia el otro extremo del vagón. El borracho, balanceándose un poco más al azar, agarró la barra de metal que se encontraba en medio del vagón dando un rugido e intentó sacarla de sitio.

En ese momento sentí que tenía que intervenir, para que nadie saliera gravemente herido. Pero recordé las palabras de mi maestro:

«El aikido es el arte de la reconciliación. Quienquiera que tenga en su mente la lucha ha roto su conexión con el universo. Si intentas dominar a las personas, ya estás vencido. Aprendemos a resolver los conflictos, no a iniciarlos.»

De hecho, al aprender las lecciones con mi maestro había aceptado que nunca iniciaría una pelea y que sólo utilizaría mis artes marciales en defensa propia. Ahora, por fin, tenía la oportunidad de probar mis destrezas de aikido en la vida real, en lo que claramente era una oportunidad legítima. Así que mientras todos los demás pasajeros estaban sentados aterrados en sus asientos, yo me levanté, lenta y deliberadamente.

Al verme, el borracho vociferó, «¡Ajá, un extranjero! ¡Necesitas una lección de modales japoneses!» y empezó a prepararse para agredirme.

Pero justo en el momento en que el borracho estaba a punto de hacer su movimiento, alguien lanzó un estridente y curiosamente alegre grito: «¡Hey!».

La exclamación tenía el tono alegre de alguien que de pronto se ha encontrado con un querido amigo. El borracho, sorprendido, se dio la vuelta para ver a un hombrecito japonés que estaba allí sentado, probablemente de unos setenta años. El anciano miró con alegría al borracho, y le hizo señas con un movimiento ligero de su mano y le dijo en un tono alegre «Ven pa'acá».

El borracho caminó hacia él con un paso beligerante: «¿Por qué demonios tendría que hablar contigo?». Entretanto, yo estaba preparado para derribarle al menor movimiento violento.

«¿Qu'as bebido?», le preguntó el anciano, mientras le miraba con brillo en sus ojos.

«He bebido sake y a ti no te importa», le dijo gritando el borracho.

«¡Ah, es maravilloso, absolutamente maravilloso!», respondió el anciano en un tono amistoso. «A mí también me encanta el sake.

Cada noche, mi esposa y yo, ella tiene setenta y seis, sabes, calentamos una botellita de sake y nos la llevamos al jardín, nos sentamos en un viejo banco de madera...» Prosiguió hablando de su palosanto, de las maravillas de su jardín, de disfrutar del sake por la tarde.

El rostro del borracho empezó a suavizarse mientras escuchaba al anciano; sus puños se relajaron. «Sí... a mí también me gustan los palosantos...», dijo, con una voz que se iba apagando.

«Sí», respondió el anciano con una voz alegre, «y estoy seguro de que tienes una esposa maravillosa.»

«No», dijo el trabajador. «Mi esposa murió...», entre sollozos, comenzó a contar una triste historia sobre la pérdida de su esposa, su casa, su trabajo y sobre sentirse avergonzado de sí mismo.

Justo entonces, el tren llegó a una parada y mientras yo me bajaba me giré para escuchar cómo el anciano invitaba al borracho a ir con él y contarle toda la historia, el borracho se estiró en el asiento y apoyó la cabeza en su falda.

Esta extraordinaria historia muestra la verdad social fundamental de que la mejor forma de ganar amigos, influir en las personas, negociar y resolver conflictos es ser personalmente fuerte, a la vez que comprendemos por completo a la otra persona y entramos en su terreno.

El aikido y sus principios son precisamente lo que estaba practicando el anciano de la historia.

Regresando a nuestras propias relaciones sociales, negociaciones, influencia e intentos de resolver los conflictos, nuestro enfoque tradicional en tales situaciones ha sido mucho más el del karate. Vamos apabullando, atacando por la derecha, la izquierda y por el centro, intentando probar nuestras opiniones, pelearnos por nuestro caso, ganar el debate, cambiar a ese amigo y dominar la interacción. Esto inevitablemente crea una resistencia y la pelea con frecuencia ¡es para el perjuicio total de las relaciones personales y de las metas mutuas!

La visión de la «senda de la armonía» es mucho más satisfactoria, mucho más poderosa, mucho menos perjudicial y mucho más placentera que otras visiones.

¡Negociar al estilo del Aikido!

Siempre que te encuentres en cualquier tipo de negociación, ya sea en el trabajo o en el hogar, procura utilizar los siguientes principios de negociación para conseguir un resultado aceptable para todos:

- Antes de empezar asegúrate de que sabes *exactamente* qué es lo que quieres y el precio *máximo* que estás dispuesto a pagar, ya sea en dinero, tiempo, emociones o en cualquier otra cosa.

Por ejemplo quieres que tu hijo termine un deber importante de la escuela antes de acabar la semana (*meta*); si se queda en casa y hace el trabajo, le prometes que iréis a pescar el fin de semana (*precio*).

- Inicia las negociaciones con un estado mental positivo y amistoso.

Si estás tenso y a la defensiva, no es probable que llegues a ninguna solución con la que te sientas bien.

- Ten los hechos al alcance de tu mano. ¡Nada te hace más vulnerable en las negociaciones que la ignorancia!

Si le pides a tu jefe un aumento de sueldo porque crees que tus responsabilidades laborales han aumentado en relación con tus obligaciones iniciales, asegúrate de que tienes pruebas contundentes que te respaldan cuando vayas a negociar: informes o proyectos en los que hayas trabajado. Cartografía mentalmente los puntos que quieres tratar para preparártelos de antemano.

- Averigua cuáles son las metas de tu contraparte.

Pregúntales cuáles son sus objetivos para las primeras reuniones, antes de que intentes plantear tus deseos. A menudo descubrirás que hay muchos más vínculos comunes de los que pensabas y que también muchos de los obstáculos y barreras que esperabas, en realidad no existen.

- El tiempo. ¡Tienes mucho! Una de las mejores formas de estar en desventaja en las negociaciones es aparecer con prisas. Las personas con las que estás negociando puede que también tengan una fecha límite y si saben que no tienes prisa se pondrán más nerviosas, querrán terminar antes de que se les acabe el tiempo, lo cual te deja en una situación favorable.

Esto es lo que sucedió durante las delicadas negociaciones que tuvieron lugar entre Estados Unidos y la Unión Soviética para reducir el número de cabezas nucleares de ambos bandos. Al principio de una sesión (que se realizó en un tercer país neutral), los norteamericanos calcularon estar allí con tiempo y se reservaron alojamientos en el mejor hotel de la ciudad. Los soviéticos, aunque no podían afrontar semejante lujo, lo hicieron aún mejor: ¡las esposas y compañeros de los negociadores llegaron en el siguiente vuelo para estar con ellos durante todo el tiempo que duraran las negociaciones!

- Sé sensible al lenguaje corporal de la otra persona.

Tal como vimos en el capítulo 2, la habilidad de leer las señales sutiles (y a veces no tan sutiles) que hacen las personas inconscientemente es una valiosísima herramienta de Inteligencia Social en las negociaciones.

- Ganar-ganar. Negocia siempre desde una perspectiva de ganar-ganar. Si lo haces, aquellas personas con las que estás negociando sabrán que, verdaderamente, estás de su parte. Esto hará que se sientan mucho más cómodas y abiertas a ti, las animará a «negociar por ti» y conseguirás la situación ideal de todo el mundo negociando para el bien de todos.

¡Éxito!

¡Tu entrenamiento social te proporcionará cierta práctica!

Busca lo positivo

Busca lo bueno en tus amigos, colegas y compañeros de negociación. Esto es especialmente importante cuando estás en desacuerdo con alguien. Asegúrate de que recuerdas la «senda de la armonía» y que ¡no reduces tus negociaciones a un intercambio de insultos!

Respeta a las personas como los seres únicos que son. Todo el mundo (incluido tú) quiere ser reconocido por sus mejores cualidades y sus logros. ¡Y todas las personas (también incluida tú) las tienen!

Se trata de reducir al mínimo cualquier tendencia a criticar, condenar o quejarse.

Siempre que sea posible, evita discutir

Esto no significa que tengas que evitar discusiones substanciosas o de peso en las que manifiestas con fuerza tu opinión. Pero sí significa evitar esas situaciones en las que cada uno de los participantes está intentando probar que su punto de vista es el *único* correcto, mientras que el de los demás es incorrecto, por definición.

¡Sigue la senda del aikido!

Ten en cuenta el punto de vista de la otra persona

Empatiza y simpatiza con las ideas, deseos y metas de la otra persona. Este principio puede parecer difícil de seguir, ¡especialmente si estás en contra de todo lo que ella defiende! Sin embargo, es más fácil de lo que piensas. Recuerda que estás en el proceso de forjar una relación, *no* de calificar los puntos de debate. En estas situaciones considérate más como un reportero de investigación que simplemente está intentando averiguarlo todo sobre su entrevistado.

Si adoptas esta actitud te convertirás en un maestro de ver las cosas desde la perspectiva de la otra persona, ¡uno de los verdaderos signos de genialidad en la escala de la Inteligencia Social!

Reconoce tus errores

Pocas cosas hay que molesten más que una persona que se niega a admitir que ha cometido un error, y que sigue ¡malgastando un valioso tiempo social defendiendo una postura insostenible!

Negarse a admitir los errores demuestra que eres arrogante, que te falta confianza en ti mismo y, en un sentido más profundo, que no eres sincero ni contigo mismo ni con los demás.

Cuando admitas tus equivocaciones, hazlo inmediatamente, ¡con empatía y entusiasmo! Esto demostrará que eres sincero contigo mismo y con los demás, abierto, flexible, que quieres aprender y que no eres agresivo: una persona que probablemente aportará un buen *feedback* y consejo, a quien se puede considerar una buena amiga y persona de confianza.

¿Qué mejor colega o amigo podrías desear?

Potenciadores del cerebro social

- Estoy practicando aikido en mis relaciones personales.
- Soy un negociador cada vez más competente.
- Procuro conseguir ganar-ganar en todas las situaciones sociales.

En el siguiente capítulo veremos cómo aplicar la Inteligencia Social para fomentar tus ídones sociales!

Modales
o qué hacer cuando...

Capítulo ocho

«Los modales hacen al hombre.»

Proverbio tradicional

Mucho se ha escrito sobre el tema de los «modales» en los libros sobre la «etiqueta social» donde se describe con toda suerte de detalle lo que hay que hacer exactamente y de qué manera, para comportarse de forma «correcta» en las situaciones sociales específicas. ¡No te preocupes, no voy a hacer esto aquí!

En su lugar revisaremos algunas de las razones por las que los «buenos modales» se pueden considerar como parte integral de la Inteligencia Social y cómo puedes usarlos para conservar y aumentar tus amigos y conocidos.

Mostrar aprecio

A todas las personas nos gusta ser apreciadas y las personas con Inteligencia Social se asegurarán de mostrar aprecio por los demás, de
darles las gracias por sus favores, por hacer bien su trabajo o simplemente por estar allí.

Sin embargo, puedes ampliar el impacto de tu agradecimiento y
aprecio pensando y aplicando lo que ya has aprendido en *El Poder de
la Inteligencia Social.*

Dar las gracias

Cuando quieras expresar aprecio por las personas, recuerda que ellas te
recordarán mejor si lo haces casi al final de vuestro encuentro. Asegúrate
de que ambos estáis relajados y atentos cuando le das las gracias, a
fin de aumentar la energía y el significado con que lo haces. Esto asegurará que su impacto tanto en intensidad como en tiempo sea mayor.

Para reforzar tu «agradecimiento» envía una carta o nota de agradecimiento al día siguiente, y no lo hagas sólo tras un acto social en
casa de alguien. Una breve nota diciendo algo así como «Gracias por
haberme recibido ayer, fue estupendo que pudiéramos hablar de...» o
«Gracias por entrevistarme para el puesto de trabajo...», eso asegurará
que te recuerden de una forma muy positiva después de cada acontecimiento y te dará una reputación de persona seria y considerada.

Otra forma de asegurarte que tu agradecimiento tiene un sentido
extra para el receptor, es decir *por qué* le estás dando las gracias:
«Gracias por su paciencia o consejo» a un vendedor que te ha ayuda-
do a elegir el par de zapatos que has comprado; «Gracias por su des-

treza» al electricista que te ha arreglado la cocina; «Gracias por este viaje tan agradable» al taxista que te ha llevado, y así sucesivamente.

Si dices por qué le estás dando las gracias a alguien, seguro que serás recompensado con una grata sonrisa y con un «de nada» a cambio.

Puedes llevar esto todavía más lejos. Si has recibido un servicio extraordinario por parte de alguien, no te limites a darle las gracias, da las gracias a su jefe o escribe a la organización a la que representa y comenta que te ha impresionado su eficiencia y profesionalidad. (Esto suele ser especialmente apreciado, puesto que las organizaciones ¡están más acostumbradas a recibir quejas que alabanzas!)

Hacer regalos

Hacer regalos es otra forma de mostrar aprecio a alguien. La mayoría de las personas llevan una botella de vino a una fiesta o a una cena a la que han sido invitados, pero ésta simplemente termina apilándose con el resto de las contribuciones en una confusión general al inicio del acto. Si quieres que tu regalo sea recordado (y por extensión; también *tú*), procura que destaque y que sea diferente —una planta exótica, por ejemplo, o un pequeño ornamento—. Un regalo así no tiene por qué ser grande ni caro, sino simplemente algo que muestre que has pensado en tu anfitrión y en lo que podría gustarle.

No necesitas una razón especial para tener un detalle con una persona o mandarle una tarjeta de felicitación. Ver algo en una tienda, unas conchas bonitas o unas piedras peculiares en una playa y pensar que a esa persona en particular le gustaría, demuestra que eres alguien que te preocupas y que piensas en los demás.

Celebrar con estilo

Las celebraciones como los cumpleaños, aniversarios y vacaciones especiales marcan acontecimientos significativos y es importante que los distingamos con rituales y ceremonias que graben la ocasión en nuestra memoria.

¿Qué son los cumpleaños y aniversarios? ¡Von Restoffs! Los celebramos para recordarnos a nosotros mismos su importancia, para volver a celebrar el hecho de que una vez fueron los «primeros» y recordar a nuestra familia y amigos que los consideramos días muy especiales para ellos. Al recordar los acontecimientos, recordamos y celebramos a las personas implicadas.

Esto es especialmente importante si no las vemos muy a menudo. Enviar una tarjeta o un regalo a tu hermano y cuñada que viven en la otra punta del país el día de su aniversario de boda demuestra que recuerdas el acontecimiento y que piensas en ellos porque los consideras lo bastante importantes como para resaltar la ocasión de una forma especial.

Las costumbres de otras personas

Es muy importante que seamos conscientes de las costumbres de otras culturas y que seamos sensibles a los sentimientos de los demás, sobre todo en los negocios. Cuanto más internacionales se vuelven los negocios más importante es ser consciente de las diferentes formas que hay para hacer las cosas. Pero es igualmente importante cuando en vacaciones visitamos otros países y culturas.

Ofrecerle a un musulmán abstemio una botella de vino puede que no sea considerado como un gesto amistoso, mientras que en el Reino Unido puede ser considerado de buena educación utilizar tu mano izquierda para comer; en los países árabes sería considerado como muy malos modales.

Un ejemplo sobre lo diferentes que son las costumbres de las distintas culturas lo podemos ver en la forma en que en Japón y en otros países asiáticos se trata algo tan común como una tarjeta de visita, en comparación a cómo lo hacemos en Occidente.

Rituales de saludo: el sistema asiático

El método moderno global más común de ritual de saludo es entregar una tarjeta de visita.

Los actuales maestros de este arte son los países asiáticos. Examinemos con detalle su ritual, veamos cuáles son las razones que hay tras el mismo y saquemos valiosas lecciones. El procedimiento paso a paso es el siguiente:

1. Entregas la tarjeta boca arriba, con las letras de cara a la persona que se la estás entregando. Se la ofreces con ambas manos.
2. Simultáneamente recibes la tarjeta de la otra persona.

Razones:

- Al entregar la tarjeta con ambas manos ambos tenéis que estar uno frente al otro y relativamente cerca. Así se establece un contacto y cierta intimidad.
- Colocarla de forma que se pueda leer es un sencillo acto de consideración.

- Intercambiar tarjetas simultáneamente confirma la igualdad de la relación desde el principio y el respeto mutuo.

3. Al haber recibido una tarjeta, pasas un momento leyéndola atentamente y examinando su calidad.

4. Haces algunos comentarios sobre algunos aspectos positivos del contenido de la tarjeta y de su calidad.

   Razones:
   - La pausa que haces para mirar la tarjeta significa que estás recibiendo el ofrecimiento de la otra persona con interés y una mente abierta, indicándole que es muy importante para ti.
   - Comentar la tarjeta confirma que has asimilado su contenido y considerado su significado.
   - Ver lo positivo afirma que estás interesado en una relación productiva, positiva y de cooperación.

5. A menos que te marches inmediatamente, no guardas la tarjeta enseguida. La colocas en un lugar visible durante el tiempo que estéis juntos.

   Razones:
   - Colocarse inmediatamente la tarjeta en el bolsillo o en el bolso es una señal de falta de respeto, simbólicamente indica que ya has terminado con la identidad de esa persona.
   - Colocarla a la vista donde sea visible representa el hecho de que consideras a esa persona y su identidad individual como factor importante en el entorno.

- Tener la tarjeta constantemente a la vista facilita hacer referencia a la misma y la repetición de sus contenidos en tu cerebro garantiza que tendrás más oportunidades de recordar tanto el nombre como con qué lo asocias.

Rituales de saludos: el sistema occidental

Veamos la comparación con el ritual común occidental en el que se entrega la tarjeta con una mano y ni siquiera la miramos o la comentamos e inmediatamente la metemos en alguna parte donde no la vemos y ¡esté fuera de nuestra mente!

Los rituales de saludos, bien utilizados, pueden hacer que conocer y recordar a personas nuevas resulte más fácil y agradable; que nuestras amistades, familia y colegas se sientan recordados, apreciados y queridos; ofrecernos una maravillosa sensación de expectación; actuar como creadores de Von Restoff a lo largo de nuestra vida.

Compartir los malos momentos

Una obligación social que a muchas personas les cuesta mucho es ofrecer consuelos y condolencias a las personas que están de duelo o que acaban de recibir muy malas noticias.

Sabemos que hemos de decir algo, pero no tenemos ni idea de qué palabras utilizar para que no suenen a falsas o típicas. Puesto que tenemos miedo a «equivocarnos» y nos sentimos violentos al imaginar la reacción de la otra persona, a menudo terminamos no haciendo ni diciendo nada.

Sentarse a escribir una breve nota expresando que piensas en esa persona y en su familia es una tarea difícil, pero será muy apreciada por el receptor. Como de costumbre, no son tanto las palabras en sí mismas lo que importan, sino el afecto y el sentimiento que encierran, sólo con saber que la gente piensa en ti en unos momentos tan difíciles supone un gran alivio para muchas personas.

También puedes enviar flores, que una vez más muestran que estás pensando en la persona. Si vives cerca, quizá puedas ofrecer una ayuda más práctica como recoger a los niños del colegio, llevar una comida preparada, algún detalle que pueda ser una ayuda. También tenemos el sencillo y comprensivo abrazo, para demostrarle a esa persona que no está sola (que es lo que muchas personas sienten en los momentos de crisis).

Entrenamiento social

Planifica rituales positivos

A principios de año, cuando planificas tu agenda, mira por adelantado todas esas posibles fechas de celebraciones y ceremonias en las que te gustaría participar. Piensa en los cumpleaños, aniversarios y otras fechas especiales que quisieras señalar. Anótalas en tu agenda, en colores y con imágenes para que resulten más atractivas y empieza a planificar cómo vas a hacer todo lo posible para que resulte inolvidable para ti y tus amigos. Piensa en cosas especiales que puedes hacer para que esos acontecimientos sean más agradables para aquellas personas con las que los vas a compartir.

Diferencias culturales

Empieza a estudiar las diferencias en los rituales y ceremonias de distintas culturas. En algunas, por ejemplo, la muerte implica duelo; en otras se celebra. Para algunas, la muerte se representa en ceremonias rituales mediante el color blanco, en otras mediante el negro. En unas culturas, unir el índice con el pulgar quiere decir «*Okay*», ¡en otras ies un gesto tremendamente obsceno!

Estudia las diferencias culturales como *hobby*, cosecharás grandes recompensas (y también te puede evitar algunas situaciones bastante embarazosas y complicadas).

Potenciadores del cerebro social

- Cada vez soy más consciente de que dar las gracias es una de las mayores recompensas que puedo ofrecer a otras personas.
- Utilizo cada vez más rituales positivos para que la vida de mis amistades sea más feliz y plena.

En el siguiente capítulo te mostraré cómo puedes enfocar todo tu cerebro en tu vía hacia el éxito social y te daré un maravilloso ejemplo de una estrella de la Inteligencia Social.

Indicadores del éxito social

Capítulo nueve

«La expresión que uno lleva en la cara es mucho más importante que la ropa con que se viste.»

Dale Carnegie

Si aplicas todo lo que has aprendido en *El Poder de la Inteligencia Social*, automáticamente serás un líder social con éxito. En este capítulo empezaremos con el fascinante estudio que prepara la escena para algunas nuevas percepciones en la naturaleza de las relaciones sociales.

También recapitularé sobre las principales características de la Inteligencia Social y ofreceré un maravilloso ejemplo de una «estrella de la Inteligencia Social». Por último encontrarás un cuestionario de Inteligencia Social para que puedas ver hasta dónde has llegado y desarrollado tu CI social.

Caso de estudio: ¡La muerte de una desagradable suposición!

Durante siglos los investigadores y el público han estado de acuerdo en la «verdad» bastante desagradable de que la única razón por la que los seres humanos cooperamos es por interés propio.

Ahora, afortunadamente, en los estudios más recientes está surgiendo una imagen mucho más compleja, sofisticada y positiva.

El antropólogo Joseph Henrich de la Universidad de Michigan y su colega Robert Boyd de la Universidad de California en Los Ángeles estudiaron la transmisión de la conducta social y de la cultura entre los humanos. Llegaron a una sorprendente conclusión: la cooperación no es el resultado del egoísmo, sino de dos «tendencias principales del cerebro». Según Henrich:

«Hay dos elementos de la psicología humana que conocemos: uno es que las *personas tendemos a imitar a la mayoría*; el otro es que las *personas tienden a imitar al individuo que tiene más éxito*.

»Lo que podemos demostrar es que puesto que los humanos confiamos en imitar a quien tiene éxito y a la mayoría, esto crea un equilibrio estable de cooperación que no existiría si esos dos mecanismos culturales no estuvieran presentes.»

Esta «doble emulación» conduce a una espiral positiva de éxito. La cooperación conduce a una mayor probabilidad de conseguir más alimentos, tener mejor salud, más creatividad, más energía en general y por lo tanto un mayor crecimiento económico para la comunidad en conjunto.

Este éxito espiral será visto por los que estén fuera, quienes a su vez querrán imitar al grupo con éxito y a los individuos dentro de ese grupo. Cuando suficientes individuos de otros grupos empiezan a imi-

tar a aquellos del grupo con éxito, los grupos que no son tan socialmente inteligentes se vuelven más inteligentes y comienzan
a madurar los mismos beneficios del grupo original que tuvo
éxito.

Henrich sigue señalando que probablemente seamos las más
sociables de todas las criaturas vivas. «Los seres humanos coope-
ran en grandes grupos. Cuando van a la guerra, por ejemplo, coo-
perarán con grandes números de individuos con los que no tienen
parentesco y a los que probablemente no volverán a ver.»

Si piensas en ello, uno de los logros sociales que puede distan-
ciarnos de todas las demás criaturas es ¡hacer cola! ¡Sin la cooperación de personas totalmente ajenas una cola pronto se rompería y
empezaría el caos!

Pensamiento Íntegro-cerebral

Muchos, sin darnos cuenta, nos volvemos medio tontos (¡o peor!) en
las situaciones sociales, al usar sólo ¡la mitad de nuestras habilidades sociales e intelectuales! Probablemente habrás oído hablar del
modelo de los hemisferios, que muestra que tenemos dos corrientes
principales de habilidades intelectuales y sociales, divididas entre los
hemisferios derecho e izquierdo de nuestro cerebro:

Hemisferio izquierdo	Hemisferio derecho
Palabras	Ritmo
Lógica	Conciencia espacial
Números	Imaginación
Secuencia	Soñar despierto
Análisis	Color
Listas	Conciencia holística (gestalt)

Gracias a un siglo de hacer hincapié en el hemisferio izquierdo, las habilidades analíticas han dominado nuestras interacciones sociales con palabras, lógica, números, análisis y linealidad.

Hemos llegado a esto a expensas de nuestro hemisferio derecho habilidades intuitivas. (Ésta fue parcialmente la trampa en la que caí en mi primera etapa de desarrollo de mi Inteligencia Social, véase página 14.)

Imagina pasar toda una tarde con un grupo de personas que ¡sólo utilizan sus habilidades del hemisferio izquierdo! ¿Qué sola palabra podría resumir semejante tarde?

¡ABURRIDO!

A continuación imagina una tarde con un grupo de amigos que sólo usan su hemisferio derecho. Probablemente te lo pasarás muy bien, pero habrá sido un caos. La conversación habrá sido prácticamente inexistente; la música no habrá tenido orden, secuencia, patrón ni estructura, y ¡el evento habrá sido un desastre!

Al utilizar sólo la mitad de sus habilidades mentales, tus amigos imaginarios habrán estado utilizando *menos de la mitad* de todo su conjunto de habilidades, puesto que las habilidades de ambos hemisferios se utilizan mejor cuando se usan juntas, porque crean un efecto multiplicador y sinérgico y ¡extraen lo mejor de los dos hemisferios!

Las personas que tienen éxito social utilizarán todo su poder cerebral fenoménico cuando interactúen con otras personas y emplearán la imaginación y la planificación simultáneamente, por ejemplo, para mostrar preocupación por los demás, para divertir y complacer a sus amigos y compañeros.

Asegúrate de que utilizas todas tus habilidades íntegro-cerebrales. De este modo atraerás a la totalidad del cerebro de tus compañeros.

Las características de la Inteligencia Social

¿Cuáles son las cualidades y características necesarias de la Inteligencia Social?

1. La confianza de ser tú mismo.
2. Una visión de la vida: saber adónde te diriges.
3. Un interés duradero en las otras personas.
4. Respeto a los demás.
5. Empatía y la capacidad de leer y utilizar el lenguaje corporal.
6. Ser consciente de cuándo es apropiado hablar y cuándo escuchar.
7. Una actitud positiva.

Todas estas características están personificadas en nuestra estrella de la Inteligencia Social Oprah Winfrey.

Oprah Winfrey: estrella de la Inteligencia Social

Oprah Winfrey, mujer de negocios, actriz galardonada y anfitriona del show televisivo de más audiencia de Estados Unidos, probablemente sea una de las mujeres más famosas y con más influencia del mundo. Cientos de millones de personas de más de 130 países ven diariamente su show, que es único por su formato de «relación» social.

El fenomenal éxito de Oprah se debe a su empatía instintiva con la audiencia, su sinceridad personal y su actitud positiva ante la adversidad. El estilo conversacional del programa permite y fomenta el compartir sentimientos, emociones y experiencias. Tal como dijo un participante, Oprah «hace que la gente se *implique* porque ella se *implica*».

Para este capítulo, en lugar de un entrenamiento social he incluido un cuestionario de Inteligencia Social. Lo he diseñado para ayudarte a pensar sobre lo que has aprendido en *El Poder de la Inteligencia Social* y para ídarte más «material para que pienses»!

Cuestionario sobre la Inteligencia Social

Responde a cada una de las siguientes preguntas como «Verdadero» o «Falso»; «Verdadero» si la afirmación tiene algo que ver contigo tanto de una forma general como muy precisa. Utiliza tus respuestas como guías y señales para tus metas de Inteligencia Social en tu vida.

1. Me gusta la gente y la raza humana en general.   Verdadero/Falso

2. Creo que el CI estándar es más importante que la Inteligencia Social como medida del éxito.   Verdadero/Falso

3. Creo que el CI estándar es más importante que la Inteligencia Social como medida de la felicidad.   Verdadero/Falso

4. Considero que los primeros encuentros son de suma importancia. Verdadero/Falso

5. Considero las «despedidas» y los adioses de suma importancia. Verdadero/Falso

6. La imaginación no es especialmente importante en las relaciones sociales.   Verdadero/Falso

7. Tener una visión fija de la vida tiende a destruir las relaciones sociales.   Verdadero/Falso

8. Las personas sensuales forman vínculos débiles con los demás. Verdadero/Falso

9. Imitar es un signo de debilidad y se ha de evitar. Verdadero/Falso

10. La creatividad es para los «mentecatos». Verdadero/Falso

11. El cuerpo es al menos tan importante como transmisor de comunicación como las palabras habladas. Verdadero/Falso

12. Existen muchas expresiones corporales comunes a todas las culturas y sociedades humanas. Verdadero/Falso

13. Sonreír a las personas generalmente hace que sean menos tímidas o agresivas. Verdadero/Falso

14. Las personas positivas suelen no ser tenidas en cuenta por los demás por considerarlas muy «poco realistas». Verdadero/Falso

15. En las situaciones sociales, la «sinceridad es la mejor política». Verdadero/Falso

16. Las personas tienden a «encarnar» o «decepcionar» las expectativas de los demás. Verdadero/Falso

17. Casi todo el mundo en algún momento necesita un tiempo para estar sólo y «espacio» para estar consigo mismo. Verdadero/Falso

---

18. Poder probar que alguien está equivocado es una buena forma de ganar en una discusión.   Verdadero/Falso

19. Para «ganar» un conflicto se necesita más poder.   Verdadero/Falso

20. La mayoría de los oradores son aburridos por naturaleza.
    Verdadero/Falso

21. Mis primeras impresiones de la gente no suelen ser muy exactas.
    Verdadero/Falso

22. Me gusta invitar a amigos a fiestas, cenas y actos sociales.
    Verdadero/Falso

23. Soy persuasivo en las negociaciones.   Verdadero/Falso

24. Generalmente dejo que las otras personas resuelvan conflictos.
    Verdadero/Falso

25. Siempre he tenido una buena relación con las personas.
    Verdadero/Falso

26. Soy muy sensible a los estados de ánimo de los demás.
    Verdadero/Falso

27. Recuerdo bien las caras.   Verdadero/Falso

28. Recuerdo bien los nombres de las personas.   Verdadero/Falso

29. En realidad no me preocupa lo que la gente piense de mí.
Verdadero/Falso

30. Casi siempre recibo un servicio excelente cuando compro, viajo o
salgo a cenar.   Verdadero/Falso

31. Soy un presentador creativo, original y entretenido.
Verdadero/Falso

32. Me fascina el cerebro humano y su funcionamiento.
Verdadero/Falso

33. Creo que merezco más de que lo que gano.   Verdadero/Falso

34. Otras personas suelen recordar lo que digo.   Verdadero/Falso

35. Estoy físicamente en forma.   Verdadero/Falso

36. Estoy mentalmente en forma.   Verdadero/Falso

37. No hago demasiado hincapié en comunicarme con los animales.
Verdadero/Falso

38. Las ceremonias y rituales me resultan aburridos.   Verdadero/Falso

39. Los líderes han de saber ser seguidores.   Verdadero/Falso

40. Soy bueno dirigiendo ciertos equipos, pero no otros.
    Verdadero/Falso

41. Existen ciertos tipos de personas que me resultan increíblemente
    aburridas o una pérdida de tiempo.   Verdadero/Falso

42. Las personas vienen a mí en busca de ayuda y consejo. Estoy con-
    tento de poder dárselo.   Verdadero/Falso

43. En los encuentros sociales ayudo a las personas a relajarse, a que
    se entretengan y se diviertan.   Verdadero/Falso

44. El éxito se debe en gran medida a la suerte.   Verdadero/Falso

45. Tengo una meta clara y una visión en mi vida.   Verdadero/Falso

Las respuestas están en la página 156.

Puntuación

1-11: Considera tu Inteligencia Social como una gigantesca mina de
oro que acabas de descubrir. Si sigues excavando, ¡te esperarán maravillosas recompensas!

12-22: Esta puntuación demuestra que ya has empezado a adquirir algunas de las habilidades y comprensiones básicas de la senda de la

Inteligencia Social. Intenta utilizar tu conocimiento recién adquirido para reforzar tus habilidades existentes y desarrollar esas áreas en las que tus habilidades son más débiles.

23-33: Esta puntuación indica que tus habilidades de Inteligencia Social están por encima de la media. Al aplicar los principios contenidos en *El Poder de la Inteligencia Social* ¡saltarás a la categoría de estrella!

34-45: Eres una persona relativamente poco común que está madurando los frutos del desarrollo de su Inteligencia Social. Según el adagio de «cuanto más sabes, más fácil es saber más», utiliza lo que has aprendido en *El Poder de la Inteligencia Social* para mejorar espectacularmente las habilidades bien desarrolladas que ya posees. Como ya habrás visto, las perspectivas de mejora son infinitas.

El «poder del diez»

Capítulo diez

La Inteligencia Social es sólo una de las diez inteligencias que todos tenemos. La inteligencia se ha dividido tradicionalmente en tres aspectos diferentes: verbal, numérico y espacial, que son la base para los tests de CI estándar. Sin embargo, también tenemos Inteligencias Creativa, Sensual, Física, Personal, Sexual y Espiritual.

Lo maravilloso respecto a las múltiples inteligencias es que cada una trabaja en conjunto con las demás y las refuerza de forma sinérgica. Cuando desarrollas una de tus inteligencias, simultáneamente las desarrollas todas.

En este capítulo vas a investigar la aplicación de cinco de tus múltiples inteligencias para el desarrollo de tu Inteligencia Social. Este breve capítulo es un entrenamiento en sí mismo.

La Inteligencia Espacial

Tu Inteligencia Espacial es la habilidad que tiene tu ojo y cuerpo para percibir y desenvolverse con éxito en el entorno tridimensional y el mundo que te rodea. Por consiguiente conlleva tu capacidad de ver la relación mutua existente entre las formas y figuras y de ser consciente del espacio entre las cosas. Interpretar los mapas se encuentra en este campo de la inteligencia, como también lo están los aspectos del lenguaje corporal.

¿Recuerdas la historia de los hombres de negocios de Nueva York y de Texas (página 32), que eran totalmente opuestos en cuanto a las percepciones del espacio personal? Ser consciente de la «zona de confort» de las distintas personas es una parte muy importante de la Inteligencia Social. Utiliza tu Inteligencia Espacial para ser más sensible a esto.

La inteligencia espacial también abarca la habilidad de colocar las cosas en el entorno, de modo que hace que la gente se sienta a gusto y bien. El antiguo arte chino del Feng Shui es ¡la Inteligencia Espacial aplicada a la Inteligencia Social!

Cuando puedes influir en el entorno donde se encuentran las personas, asegúrate de que das rienda suelta a tu Inteligencia Espacial.

Inteligencia Física

La Inteligencia Física implica tu habilidad para tener coordinación, equilibrio y porte físico. También incorpora la alimentación y la dieta sana, así como estar fuerte y flexible físicamente y respirar bien.

Cuando desarrollas tu Inteligencia Física, automáticamente atraes a un círculo de amistades más amplio, porque la gente por instinto gira en torno a aquel que está sano, equilibrado y que vibra.

Como un sencillo indicativo de lo que estoy diciendo, mira los anuncios de cualquier producto y observa que los modelos que emplean los publicistas y especialistas en marketing para captar tu atención encajan perfectamente en la descripción arriba citada.

La Inteligencia Física también implica que estás entablando un contacto con los demás. Como ya sabrás, esto no sólo es placentero, sino que hace que ambas partes estén más sanas físicamente y se desencadenen reacciones corporales que refuercen el sistema inmunológico.

Las pruebas que ahora vienen de Japón nos sugieren que también ayudará a mejorar tu memoria, como indica el siguiente estudio.

Caso de estudio: ¿Quieres tener una mejor memoria? ¡Inicia un contacto!

Cada vez hay más japoneses que padecen una forma extrema de pérdida de memoria que arruina sus estudios y su vida laboral.

«Estamos hablando de personas que no pueden ni tan siquiera recordar cómo usar una fotocopiadora y que necesitan ayuda para escribir instrucciones detalladas», dijo el especialista del cerebro Takashi Tsukiyama.

Los desmemoriados se quejaban de no poder recordar el nombre de la estación de tren en la que se tenían que bajar, las citas que tenían e incluso funciones rutinarias como sus obligaciones laborales diarias.

El doctor Tsukiyama dijo que la proporción de estos casos aumentaría.

La principal causa según el *Straits Times* es «la falta de interacción social entre la joven generación japonesa».

Los investigadores confirman esto, culpabilizando al aumento de aislamiento social debido a su dependencia en las máquinas, que ha ido erosionando el poder de su memoria. Puesto que en la actualidad las personas se educan con videojuegos, Internet y el correo electrónico, a menudo se quedan encerradas en sus hogares y no tienen demasiadas oportunidades de socializar con los demás.

Para socializar se requiere estar siempre atento y probar la memoria, con todos los sentidos, los principales pilares de la memoria, en pleno uso y activación.

Los investigadores han llegado a la conclusión de que los juegos de ordenador aíslan a las personas y las pantallas retrasan la memoria en la infancia, inhibiendo el desarrollo de las habilidades sociales y aumentando la probabilidad de que el declive en estas dos áreas vitales prosiga en la etapa adulta.

El doctor Tsukiyama recomendó que las personas deberían concederse una dosis de interacción social al menos una vez al día. También recomendó entrenamientos regulares en Inteligencia Social, a fin de conservar el cerebro y el cuerpo atentos y en forma, la memoria en buen funcionamiento y una buena salud general.

Las noticias sobre las nuevas herramientas electrónicas como Internet no son todas malas. Si esta tecnología se emplea para complementar y ensalzar la Inteligencia Social, los resultados pueden ser extraordinariamente positivos, como demuestra el caso siguiente.

Caso de estudio: ¡Los «gansos» pueden ser buenos en manadas!

Andrew Oswald de la Universidad de Warwick, publicó a finales del 2001 una encuesta realizada a 2.500 británicos seleccionados al azar.

La encuesta puso al descubierto que era mucho más probable que los navegantes de la red pertenecieran a un grupo de una comunidad o a una organización de voluntariado que los no-navegantes. Que eran personas que iban más a la iglesia y que tenían una mejor educación y salario que los no-navegantes.

Al contrario de lo que se suele creer en Inglaterra. Parece que los navegantes han empezado a crear un equilibrio adecuado en sus vidas entre lo electrónico y lo social. No se pasan todo el día, como se había creído, navegando por la red. Sencillamente ven mucho menos la televisión que la persona media.

Esto sugiere que en lugar de utilizar su tiempo libre de una forma pasiva, se involucran activamente en Internet y lo utilizan para conocer a otras personas.

Estos dos estudios sugieren que, al igual que con todos los nuevos inventos, Internet puede tener una influencia positiva y negativa. Si se emplea apropiadamente, puede aportar mucha riqueza a tu vida social.

Inteligencia Sensual

La Inteligencia Sensual era especialmente importante para Leonardo da Vinci, implica el desarrollo y la utilización de tus cinco sentidos, la vista, el oído, el olfato, el gusto y el tacto. Haz un mini Mapa Mental® para cada uno de estos cinco sentidos, anotando en ese Mapa Mental® todas las formas en que puedes usarlos para potenciar tu Inteligencia Social.

La Inteligencia Verbal

Tu Inteligencia Verbal implica tu habilidad de jugar con las letras del alfabeto y los millones de palabras que éstas forman para ti.

Esta inteligencia se mide por tu amplitud de vocabulario, la velocidad de tu habilidad para hacer conexiones entre las palabras, tu claridad de expresión, tu capacidad para ver las relaciones lógicas entre las palabras y la riqueza de las imágenes que utilizas.

Como puedes imaginar, la Inteligencia Verbal es una de las inteligencias que están más relacionadas con la Inteligencia Social. En la conversación normal tu Inteligencia Verbal combinada con tu lenguaje corporal, forman todo el paquete.

En toda comunicación escrita tu Inteligencia Verbal es ¡el paquete *entero*!

Piensa cómo te han afectado las conversaciones, conferencias, charlas, cartas, periódicos, revistas, libros, Internet y la poesía en tu vida y en tus relaciones con los demás.

Asegúrate de que consigues que tu lenguaje corporal y hablado sea congruente. Combina lo que has aprendido en este libro con tu poder verbal para convertirte en un orador interesante y con más fuerza y explora constantemente otras posibles sinergias entre las dos inteligencias.

La Inteligencia Creativa

Cuando leas la siguiente descripción de Inteligencia Creativa empieza a pensar en las formas en que puedes impulsarla positivamente.

La Inteligencia Creativa es tu habilidad para usar toda la gama de habilidades de tus dos hemisferios para producir ideas originales. Incorpora la velocidad con la que puedes generar ideas nuevas, tu habilidad para producir ideas inusuales y únicas, tu habilidad para ver cualquier situación desde una amplia gama de diferentes perspectivas, tu habilidad para expandir cualquier idea y tu habilidad para usar el principio de asociación del cerebro durante todo el proceso de pensamiento creativo.

¡Sólo piensa en lo sorprendentemente poderosa que es esta habilidad maestra de la Inteligencia Social! Prueba a hacer un pequeño Mapa Mental® sobre las formas en que se pueden aplicar tus infinitos poderes creativos para hacer que las vidas de los demás estén más llenas de color, de creatividad, humor y placer.

Potenciadores del cerebro social

- Estoy usando las habilidades de mi Inteligencia Creativa de mis dos hemisferios para desarrollar mi Inteligencia Social.
- Estoy usando mi cuerpo y la Inteligencia Física de mi cerebro para desarrollar mi Inteligencia Social.
- Estoy usando mis habilidades de Inteligencia Espacial y mi lenguaje corporal para desarrollar mi Inteligencia Social.
- Estoy usando mi Inteligencia Sensual para desarrollar mi Inteligencia Social.
- Estoy usando mis habilidades de comunicación de mi Inteligencia Verbal para desarrollar mi Inteligencia Social.

La ultimísima palabra

¡FELICITACIONES!

¡Felicidades! Acabas de graduarte en *El Poder de la Inteligencia Social*. Ahora ya tienes las herramientas para salir al mundo (y es un mundo social) con todo el conocimiento sobre lo que es y lo que significa esta tremendamente importante Inteligencia.

- Eres plenamente consciente del increíble poder de tu lenguaje corporal y de cómo usarlo, también sabes ser un oyente activo y por lo tanto un gran conversador. Con estas habilidades «bajo el brazo» serás capaz de hacer las conexiones que desees y empezarás a brillar de forma natural en las situaciones sociales.

- Añade esto a tu nueva y creciente actitud positiva, descubrirás que las cosas empiezan a irte mejor en las negociaciones y harás amistades de la forma que habías soñado.

- Tus nuevos modales sociales y el estímulo constante de tu Inteligencia Social junto con tus otras inteligencias maestras significan que estás en la vía de convertirte en ¡una estrella de la Inteligencia Social!

Floreant Dendritae (¡Qué las células de tu cerebro florezcan!)
Tony Buzan

Cuestionario sobre la Inteligencia Social: Respuestas

1. Verdadero	24. Falso
2. Falso	25. Verdadero
3. Falso	26. Verdadero
4. Verdadero	27. Verdadero
5. Verdadero	28. Verdadero
6. Falso	29. Falso
7. Falso	30. Verdadero
8. Falso	31. Verdadero
9. Falso	32. Verdadero
10. Falso	33. Verdadero
11. Verdadero	34. Verdadero
12. Verdadero	35. Verdadero
13. Falso	36. Verdadero
14. Falso	37. Falso
15. Verdadero	38. Falso
16. Verdadero	39. Verdadero
17. Verdadero	40. Falso
18. Falso	41. Falso
19. Falso	42. Verdadero
20. Falso	43. Verdadero
21. Falso	44. Falso
22. Verdadero	45. Verdadero
23. Verdadero	

Centros Buzan:
Aprender y pensar para el siglo XXI

Para más detalles sobre los seminarios de aprendizaje Buzan e información sobre nuestra gama de productos BrainFiendly® incluidos:
libros,
software,
cintas de vídeo y de audio,
materiales de apoyo.
Te enviamos nuestro catálogo, puedes solicitarlo por correo electrónico: buzan@BuzanCentres.com. Página web: www.BuzanCentres.com

O bien:
Buzan Centres Ltd.
54, Parkstone Road
Poole, Dorset BH15 2PG

Buzan Centres Inc. (Américas)
PO Box 4, Palm Beach
Florida 33480, USA

Buzan Centres México
5488-0804 World Trade Center México, Piso 22
Dirección electrónica: info@buzanmexico.com